みんなで国語辞典③

# 辞書に載らない日本語

北原保雄［編著］
「もっと明鏡」委員会［編集］



大修館書店

# まえがき

本書は、『みんなで国語辞典！ これも、日本語』『あふれる新語』と続けてきた「みんなで国語辞典」シリーズの第三弾である。『明鏡国語辞典 携帯版』の新装版発売を記念して行った「もっと明鏡」キャンペーンに予想をはるかに超えた数の応募があり、その応募作品の中からユニークさの光るものを選定して編集したのが第一弾だった。それ以来毎年キャンペーンを続け、第二回、三回の応募作品を第二弾としてまとめ、その間、ローマ字略語の応募作品が多かったことから、『KY式日本語 ローマ字略語がなぜ流行るのか』を上梓した。

本書は、「もっと明鏡」キャンペーンの第四回から第六回までの応募作品をもとに編集したものである。第二弾から少し時間が空いたが、『明鏡国語辞典 第二版』の改訂作業があったからで、『明鏡』第二版にはこのキャンペーンから知り得た多くの情報を取り入れた。

キャンペーンの都度、そして「みんなで国語辞典」を編集する度ごとに、新しい発見、驚きの発見があったが、今回も例外ではない。「辞書に載らない日本語」は、「現在の辞書」「普通の辞書」に載らない日本語ということであって、現在、実際に使われている言葉である。その多くはすぐに消えていくものだろう。しかし中には、言い得て妙な言葉、時代や社会をうまく捉えた表現もある。「キラキラネーム」や「一匹羊」などは現代社会を反映する重い言葉である。今は辞書に載らなくても、いつか辞書に載る日の来る言葉もあるだろう。

本書には、そういう将来「市民権」を得る可能性のある言葉だけを採録したわけではない。むしろ、永久に辞書に載ることはないような言葉を多く載せた。しかし、これが現代日本語の一断面であることは確かである。

なお、巻末に特別付録として、「著名人が辞書に載せたい日本語」を載せた。いずれも当該業界外の人には縁の遠い言葉だが、なるほどと教えられるところが多い。

本書を編集するにあたっては、「もっと明鏡」委員会、とりわけ大修館書店の古川聡彦、島田直樹両氏の尽力があった。記して労を多としたい。

二〇一二年三月

「もっと明鏡」委員会 委員長

『明鏡国語辞典』編者　北原保雄

目次

まえがき iii
凡例 x

1 社会編……1
アマフェッショナル／イクメン／一匹羊／エゴロジー／空拍手／こたつむり／脱原／為る／父こもり／適電／友中／ハゲメタ／はやぶさ的／仏女／両声類……

2 学校編……45
アリーナ／いつメン／駅メロ／駆乗／ぐしゃる／ゲー勉／酷道／塾活／捨て寝／
スポドリ／ちょい飯／デコ寝／読解力／発動する／ハム交／マイメン／連引き……

3 心と体編……77
アウェイ／加害妄想／過剰る／逆不安／高三病／初期微動／3D／側る／つらナミ／
できま線／夏ボテ／葉心／ヒヤる／美意識過剰／みんなぼっち／モフる……

4 男と女編……103
想い風／恋立ち／サラダセット／女子会／背語り／図書ガール／初キュン／
一耳惚れ／フラ充／ボーイズトーク／優女／養殖天然／両片思い／ロミジュリ……

5 コミュニケーション編……133
アド変／意味不／お口ミッフィー／お花畑／かくしかで／さぎょる／自撮り／昭和訳／ちょいちょい／テヘペロ／なう／パカる／ブロ常／幕の内／豆る／指話……

6 ファッション編……163
おじカワ／ガガる／くっきー／さら腕／渋原／じまつ／スイスマ／セレブ買い／だる着／ナチュラルワックス／踏み履き／ボカロ／森ガール／安カワ／リピ買い……

付録「みんなで国語辞典」番外編
著名人が辞書に載せたい日本語……191
いっこく堂【ヴォイスイリュージョン】／藤井青銅【FOする】／野澤亘伸【追い込み】／柳家花緑【乙だね】／古澤健【オリン】／冲方丁【カンヅメ】／片上平二

郎【キャラ】／福重久弥【くらわんか碗】／きじまりゅうた【サシカエ】／明川哲也【シロ】／藤原龍一郎【短歌結社・俳句結社】／宇多丸【ディスる】／星野卓也【出落ち】／福岡伸一【動的平衡】／蛯名健一【パフォーミングアート】／久保こーじ【パンチ・イン／パンチ・アウト】／田内志文【不可能】／大竹聡【ブラックアウト・エクスプレス】／幅允孝【面陳什器】／高橋万太郎【六尺桶】

あとがき　217
この本の成り立ち　226
キャンペーンダイジェスト　228
索引

# 凡例

（はんれい　書物の初めにあって、その編集方針・構成・使用法などを箇条書きにして示した部分。例言。『明鏡国語辞典 第二版』より）

［収録ジャンル］〝みんなで作ろう国語辞典！「もっと明鏡」大賞〟に寄せられた作品から厳選した約一〇〇〇語を「社会」「学校」「心と体」「男と女」「コミュニケーション」「ファッション」の六ジャンルに分類する。

［見出しの示し方］和語・漢語は平仮名で、外来語は片仮名で示し、各章ごとに五十音順に並べる。表記形は、応募作品の表記を可能な限り尊重し、見出しの後の【　】に示す。

［略号・記号一覧］同 同義語　関連 関連表現　反 反対語

補注 「もっと明鏡」委員会の注記　きたはら 編著者・北原保雄による評言

（以下、欄外「傑作選」内）

み 『みんなで国語辞典！　これも、日本語』からの引用

あ 『みんなで国語辞典②　あふれる新語』からの引用

# 1

# 社会

なんで世の中って？　どうしてあの人は？
純朴な問いかけが生み出した社会を表す言葉。

**あいけんか【愛県家】** 自分の住んでいる都道府県をこよなく愛し、名産品や県民性の自慢を他県の人にする人。

**あいこくしん【哀国心】** 自国の現状や未来を悲観的に考えること。

**あいもこ** 「曖昧模糊《あいまいもこ》」の略。物事がはっきりせずにぼんやりしていること。「今の内閣はあいもこで頼りにならない」

**きたはら** 「あいまいもこ」の「まい」二音を省略しただけで、まったく別語の感じになった。語感がいい。「一言居士《いちげんこじ》」「格物致知《かくぶつちち》」「平穏無事」「三三九度」など二・二・一・一という音構成の二番目の二音を省略しても言葉にならないし、そんな省略法はないのだが。

**あおいいと【青い糸】** 宿命のライバル同士をつなぐ目に見えない糸。「あいつと初めて会ったときから青い糸を感じる」

**あかりぶぎょう【明かり奉行】** 無駄な照明を消して回る人。「学校にも明かり奉行が現れた」関連 鍋奉行

**あねる【姉る】** 態度やしぐさ、口調などに威厳があり、同年の人に対して年上のように振る舞う。「あの人かなり姉ってるよね」

傑作選

**【アゲアゲ】**あげあげ どんどん気持ちを高めていこうとするさま。「今日はアゲアゲでいこう」 ❖両手の人差し指を突き立て、交互に上げる。(みP.136)

社会

**あぶラー【アブラー】** 脂っこい料理が好きな人。

**アマフェッショナル** アマチュアであるが、あたかもプロであるかのような視点で語る人。

**アラちゅう【アラ中】**「アラウンド中学生」の略。小学校五、六年生から、高校生くらいまでの多感な年代の総称。「アラ中には恋の悩みが多い」

**あらてん【荒転】**「荒い運転」の略。自動車の運転の仕方が荒っぽいこと。「こんな荒転だと、いつか事故に遭うよ」

**いかきめ【イカキメ】**「イカしてキメてる」の略。服装や髪形などをびしっとキメて、いつも以上にかっこつけること。「今日のオレはイカキメだぜぇ～」

**いきりスト【イキリスト】** かっこつけて調子に乗っており、それにより周囲を腹立たしく思わせる人。❖イキりがあるレベルを超え、逆に周囲から尊敬されるようになると「イキリスト様」と呼ばれる。

**いくじじ・いくばば【イクジジ・イクババ】** 育児に協力的な祖父母。❖高齢化社

傑作選

**【朝メロ】**《あさメロ》 元気がない朝に聴く音楽。「今日は朝メロ聴いてきたから元気だよ」(Ⓐ P.180)

社会

会を反映して、増加傾向にある。

**いくねえ・いくにい【イク姉・イク兄】** 忙しい親のかわりに、妹・弟の面倒をみる姉・兄。「あそこの家にはイク姉がいる」

# いくメン【イクメン】

「育児をするメンズ」の略。育児を積極的に行う男性。育児を楽しむ男性。「イクメンが子どもと遊んでる」

**きたはら** 女性が出産しても仕事を続けるには夫の協力が不可欠。協力者は夫だけでなく、祖父母（イクジジ・イクババ）や兄姉（イク兄・イク姉）の場合もある。定着してきた証拠に「イクメンパパ」も頻用されている。

**いけかわ【イケカワ】** ❶イケメンであり、かわいいこと。❖男女ともに使うことができる。❷イケメンとかわいい子。「あのグループは、イケカワが多いよね」

**いけシスト【イケシスト】** 「イケメンでナルシスト」の略。自分の美しさに酔っている人。「あの人、イケシストだよね」

**いけたく【イケタク】** 「イケてるオタク」の略。今どきのかっこいい外見なのに、内面がかなりオタクな人。「東京にはイケタ

傑作選

**【アシメ】** 「アシンメトリー」の略。左右対称でないさま。「髪をアシメにする」 ❖美容師や若い人の間で使われる。（み P.112）

クが多い」

**いけだん【イケダン】**「イケてるダンナ」の略。家事や子育てを手伝って、奥さんに自由な時間を作ってあげるダンナ。「日曜日は家事を全部するなんてイケダンですね」関連 つくメン 補注 イケダンは女性誌『VERY』（光文社）による造語。

## いけパパ【イケパパ】

かっこいいお父さん。「私のお父さんって、イケパパだよ」関連 イケタク、イケダン、イケメン

きたはら 「イケ」と「イク」では大違い。しかし「イケパパ」も家事や育児を手伝う。「イケシスト」では困るが、「イケ坊」になりたい。

**いけぼう【イケ坊】** 小中学生くらいでイケメンの男の子。

**いざきら【いざキラ】**「いざというときにキラリ」の略。いつもは目立たない人が、いざというときに放つ予期せぬ輝き。

**いじけち** 意地が悪く、けちなこと。また、そういう人。「あの人、いじけちだよね」

**いちねんそうり【一年総理】**❶一年ごとに

傑作選

**【アニキ《あにき》】** ❶リーダー格の人。信頼が厚い人。❷阪神タイガースの金本知憲選手。「アニキ、ここで一発お願いします」（みP.112）

社会

総理大臣が変わること。❷一つのことが長続きしないこと。また、そういう人。[同] 勤続アレルギー [関連] 内閣総理大臣

**いっぱんじん【逸般人】** 常軌《じょうき》を逸するくらい飛び抜けた身体能力や知識などを有する人。「逸般人の能力を上手にいかす」

**いっぴきひつじ【一匹羊】** 不安が強くて仲間を作れず、単独で行動する人。周囲からは好かれもせず、嫌われもしない人。「転校する前は、クラスの一匹羊だった」❖「一匹狼」と異なり、気が弱い。

**きたはら** 引っ込み思案の子を大きく二分すると「一匹羊」と「一匹狼」になり、「一匹狼」の方は自分の考えで友達と一緒にならない子のことをいうのだそうだ。解説書もあり、山本幸久著『一匹羊』（光文社）という小説もある。単なるもじりかと思っていたが、深い意味をもつ言葉だった。

**いのきる【猪木る】** 闘魂を注入する。

**いらネーム【イラネーム】** 当て字を多用しているため読み方が分からず、イライラさせられる名前。[関連] キラキラネーム

**いんさい【隠才】** 能力があるにもかかわらず、普段はそれを発揮しない人。「彼の隠

傑作選

**【アバウティ】** 厳密ではなく、いい加減なさま。「アバウティな人」（みP.2）

社会

才はピンチのときにしか発揮されない」❖自分の能力をアピールすることはない。

**いんじゃ【隠者】** オタクであることを周囲に隠している人。「隠者であることがいつバレるかヒヤヒヤだよ」

**いんテリ【隠テリ】** バカそうに見えて実は頭がいい人。または高学歴な人。「え！小島よしおって早稲田大学出身なの？すごい隠テリ芸人なんだね」

**うおうさおう【右翁左翁】** 高齢者が多いこと。高齢化社会。「最近はどこに行っても右翁左翁だ」

**うけメン【ウケメン】**「ウケてるメンズ」の略。話が面白い男性。いいキャラの男性。「○○君、ノリがよくて楽しくて、最近流行のウケメンだよね」❖容姿とは関係なく、もちネタやギャグがウケている人に用いる。

**うぶさぼ【右父左母】** 両親から見張られていて身動きが取れないこと。

# エアリーダー

空気の読める人。「本当におまえはエアリーダーだな！」

きたはら air reader ——訳して「空気の読める人」。若者にとってその場の空

傑作選

**【アピる】** ❶アピールする。❷異性に自分の魅力を見せつける。「かなりアピってるよねー」(あP.40)

気が読めるということは、きわめて大切なこと。KYとは反対の語。

**エコイスト**　エコのためなら他人に迷惑をかけてもかまわないという自己中心的な人。

**エコちゅう【エコチュー】**「エコ中心的」の略。利便性や快適さよりも、エコを中心に考える人。「こんなに暑いのにクーラーつけないなんてエコチューだな」

**エコつう【エコ通】**　エコを生き甲斐のように楽しんでいる人。エコに精通している人。

**エコテリーナ**　普段からエコバッグをもち歩く女性。「これからの女性はエコテリーナにならなきゃ」補注「エコ」とロシア語の女性名「エカテリーナ」を合わせた造語。

**エコひいき**　「エコ」と名のつくものを特に好意的に支援すること。また、そういう風潮。

**エコもうけ【エコ儲け】**　環境に優しいことなどを謳った商品への買い替えを薦めることによって利益を上げること。また、その利益。「二十一世紀の企業にはエコ儲けが不可欠だ」

---

傑作選

**【アベる】**　勤務はしているが、仕事がなくて暇である。「あいつ、最近ずっとアベってるらしい」　❖英語のavailableに由来。(みP.112)

社会

**エコる**　エコロジーに配慮して行動をする。地球環境を考えて行動する。節電や節水などを心がける。「みんなでエコって地球温暖化を止めよう！」

**エゴロジー**　実効性がなく、実質的に企業や国の自己PRにすぎない環境保全活動。「この政策ってエゴロジーなんじゃない？」

**えだる【枝る】**❶寝る間も惜しんで働く。「あなたもっと枝って勉強しなさい！」❷（上司に恵まれず）必要以上の努力を強いられる。❖枝野元官房長官の頑張りから生まれた。

**きたはら**　ニュース性の高い人の名前を動詞化することは以前から多くあった。「東国ばる」はもう古い。二〇一一年の政治では「菅る」「海江田る」「小沢る」なども作られた。「枝野る」でなく「枝る」なのは略語好みの風潮によるか。

**おくりびと【おくり人】**　大人数で居酒屋に行った際に、出てきた料理を隣の席に回していく人。補注 死者を棺に納める納棺師《のうかんし》という職業を題材とした、滝田洋二郎監督、本木雅弘主演の映画『おくりびと』（二〇〇八年）は、第八一回アカデミー賞外国語映画賞に輝いた。

傑作選
**【アラ還】**アラかん　「アラウンド還暦」の略。60歳前後の人。（あP.128）

社会

**おくれびと【遅れ人】** 周囲のみんなが知っている情報を知らない人。「僕はいつも遅れ人です」関連 情報弱者

**おざわる【小沢る】** ❶裏で牛耳る。❷子分をたくさんもつ。「政界を小沢る」❸子分を見捨てて雲隠れする。

**おしゃかさま【お釈迦様】** イヤホンなどで音楽を聴く際に、シャカシャカと音漏れしている人。同 漏れ人 関連 シャカつく

---

きたはら 「シャカ男」という言葉を前著『あふれる新語』に載せた。男性に限られ女性のシャカに出くわしたことはない。それで「～男」で納得していた。「お～さま」は「お一人様」「おゆとり様」など、最高の敬語を使いながら揶揄《ゆや》の気持ちをこめた言い方。しかも「釈迦」がうまくはまった。後掲「漏れ人」よりも上作。音漏れすることを「シャカつく」という。

---

**おせろい【オセロい】** 対照的なさま。正反対なさま。「あの二人は徹底的にオセロいね」

**おたかわ【オタカワ】** 「オタクでかわいい」の略。「あっ、あそこにオタカワがいる」

**おちうど【落人】** アニメなど、二次元の世

傑作選

**【あわあわ】** 緊張して地に足がつかないさま。「明日が合格発表だと思うと、急にあわあわしてきたー」(ⓐP.74)

社会

界にはまりすぎた人。また、抜けられない人。「あいつは極度の落人だ」

**おとめ【堕女】** 腐女子《ふじょし》の進化したバージョン。「貴方はもうすっかり堕女ですね」❖アクセントは「お」におく。補注 腐女子は、男性同士の恋愛（ボーイズラブ、ＢＬ）を扱った小説やマンガを好む女性を指す同人用語。

**おもたがりや【重たがりや】** ❶たいして重い荷物でもないのに、やたら重いと主張する人。❷自分が特別つらい思いをしていると思い込み、勘違いしている人。

**おやそうば【親相場】** 親の機嫌が良くなったり悪くなったりすること。「今日は親相場が悪いから、お手伝いしようかな」

**おゆとりさま【おゆとり様】** ゆとり教育で育ってきた世代の人たち。「今年の新入社員はおゆとり様ばかりで心配だ」補注 ゆとり教育は、一九七〇年代に詰め込み型学習への反省から提起された教育方針。一九八〇年度、九二年度、二〇〇二年度に施行された学習指導要領に沿った教育を指す。ただし、「ゆとり世代」という場合には、〇二年度の学習指導要領で教育を受けた世代を指すことが多い。

傑作選

**【いってこい】** 最終的に物事がプラスマイナスゼロで、はじめと何ら変わらないこと。❖ギャンブルやビジネス、投資などで使われる。（みP.113）

社会

**かいえだる【海江田る】** ❶上司の発言に大きく振り回される。「私の友達が部長の失言のせいで海江田ったらしいよ」❷すぐに泣く。

**かいかくしゃ【界革者】** 芸能界やプロ野球界など、それぞれのジャンルで大革命をおこした人。

**かぎなしっこ【鍵なしっ子】** パスワードを忘れてしまった人。「どうしよう、また鍵なしっ子になってしまった」

**かくせい【覚醒】** 性格が大幅に変わること。状況に流されるだけだった人が、急に活躍したりすること。

**かげふみ【影踏み】** 夏の日差しを避けて、日陰に逃げること。

**かねぼん【カネボン】** 「金持ちのボンボン」の略。関連 夏目さん

**からはくしゅ【空拍手】** 称賛しているわけでもないのに、周囲に合わせてする拍手。

きたはら 「から」は「空元気」「空手形」「空念仏」などの「空」。心のこもらない拍手をすることはよくあるが、それを何と呼ぶかは知らなかった。言い得ている。

傑作選 **【いなヤン】** 「いなかのヤンキー」の略。❖都市に住む人が、いなかで目撃した不良を指していう言葉。（みP.62）

**かろうじ【過労児】** 中学受験のための勉強に疲れ、過労死してしまいそうな小学生。

**かんかつ【環活】**「環境保全活動」の略。「婚活ばっかりしないで、環活もしよう」

**かんしょうよう【観賞用】** 恋愛感情のあるなしにかかわらず、見ているだけで幸せな気持ちにしてくれる人。「彼は観賞用なの」

**かんぜんぼけつ【完全墓穴】** どこからどう見ても完全に墓穴を掘っていて、どうしようもないさま。また、そういう人。

**かんちがい【缶違い】** リサイクルでスチールとアルミに分別する際に、間違ってしまうこと。「あ、また缶違いしちゃった」

**かんばる【菅ばる】** ❶逆境にあってもしつこくこらえる。❷的外れな頑張りを見せる。「もう終わったんだから菅ばってもしようがないよ」関連 菅る

きたはら 姓を動詞化するには「る」を付けるのが普通だが、この場合、「頑張る」と掛けたかったのだろう。次項のように「菅る」ももちろんあり、この語のほうがよく使われた。

**かんる【菅る】** ❶政治家や大企業の社長など

傑作選 **【いまいま】** 直近。「いまいまでは、その対策がベストでしょう」❖ビジネスの場で、慣用的に使われる。(みP.113)

社会

が、いつまでも同じ地位に居座ろうとする。「総理大臣が菅る」❷何もせずにダラダラする。[関連]菅ばる

**ぎおんまつり【擬音祭り】** 会話の中にパーンやドーンなどの擬音が多いこと。また、そういう会話。「あいつの話はいつも擬音祭りで、意味がよく分からない」

## きぐる【危惧る】

❶絶滅危惧種になる。「イリオモテヤマネコって危惧ってたっけ?」❷存在が忘れられそうになる。「あの芸人、危惧ったね」

**きたくこんなんしゃ【帰宅困難者】** 大地震などの災害によって交通が麻痺して、都市部などで帰宅できなくなる人。[関連]帰宅難民

**きもルヘン【キモルヘン】** 「キモいけどメルヘン」の略。見た目や振る舞いがキモいが、メルヘンチックな性格。また、そういう人。「私の彼はキモルヘンという説が……」

**ぎゃくたいふう【逆台風】** 中心は盛り上がっているが、周辺は冷ややかなさま。「あのグループは典型的な逆台風状態だ」

傑作選

**【色味《いろみ》】** 色合い。風合い。「色味をよく見比べて買った」(みP.150)

**ぎゃくハー【逆ハー】**「逆ハーレム」の略。複数の男性が一人の女性を取り巻いていること。「あの子って何げに逆ハーだよね」❖小説、マンガ、アニメ、ドラマなどで多く見られる。反ハーレム

**きょまん【虚満】**実《じつ》のないもので満たされること。「君の言うこと、虚満だから嫌われるよ」

**キラキラネーム**（難しい漢字や当て字を使用していて）読めない名前。「最近の小学生はキラキラネームが多くてびっくりしたよ」関連イラネーム

**きたはら**　無知の親が付ける珍妙な名前のことで、いじめに合ったりして悩んでいる子がいるという。命名に使用する漢字には制限があるが、その組合せや読み方はまったく自由。漢字の使い方だけではないが、一般常識では考えられない名前が氾濫している。ネット上では「DQN（ドキュン）ネーム」とも呼ばれている。

**きられなれ【切られ慣れ】**派遣切りに慣れてしまったこと。また、そういう派遣社員。

**きれメン【キレメン】**頭がキレていて動きが効率的である人。

傑作選

**【上《うえ》から目線《めせん》】**　他人を見下すように発言・行動すること。「おい、さっきから何で上から目線なんだよ」（あP.180）

**きんぞくアレルギー【勤続アレルギー】** 仕事が長続きしない人。同 一年総理

**くうきせいじょうき【空気清浄器】** 誰かが場の空気を悪くしたとき、それを正常に戻す人。関連 空調

**くうきどろぼう【空気泥棒】** 不用意なギャグを乱発してスベり、その場の空気を台無しにしてしまう人。「おい空気泥棒！どうしてくれるんだよ！」関連 スベリ屋

**くうちょう【空調】** うまく、その場の空気を読んでくれる人。関連 空気清浄器

**くちやせ【口痩せ】** 口で痩せたいと言うばかりで努力しないこと。また、そういう人。

**くちゃラー** くちゃくちゃ音をたてて食べる人。「くちゃラーって行儀悪いよね」

**くろい【黒い】** ❶考えが腹黒い。❷ブラックユーモアをもっている。「あの人って、顔に似合わず黒くて面白いね」❖的を射た発言が多い。

**げきしょくか【激食家】**（激辛、激甘、激苦など）極端な味を好んで食べる人。「隣のテーブルの注文した品を見るかぎり、彼らは激食家だ」

傑作選

**【薄聞き】**《うすぎき》 人の話をうっすらとしか聞いていないこと。（みP.4）

社会

**げざる【ゲザる】** 土下座をする。「しょうがないから、俺がゲザっとくよ」❖大人の最終手段。

**けばさん【ケバさん】** 「ケバいおばさん」の略。化粧などが派手で、品がない中年女性。「おまえの母ちゃん、ケバさんだな」

**コスメリアン** 化粧で変身した人。❖宇宙人のように大きな目やキラキラと反射する肌が特徴。十代や二十代に多い。

**こたつむり** 頭だけを出して、コタツに入っている人。「ほら、いつまでもこたつむりになってないで勉強しなさい」

**こてっちゃん【凝てっちゃん】** 物事に夢中になっている人。「新しいゲームにはまって、すっかり凝てっちゃんだ」

**こねラー【コネラー】** だだをこねる人。「うちの弟が最近コネラーなの」

**サブる** ❶脇役になる。「君、サブってくれないか」❷なんとなくその場にいる。「暇だからサブっとくわ」

**さりじま** 「さりげなく自慢する」の略。

きたはら　すごい省略だ。「なさばな(「情

傑作選

**【エイヤー】**《えいやあ》 適当に思いきって行うさま。「締め切りが近づいたので予算数字をエイヤーで作成した」 ❖時間が迫ったときや、根拠が乏しいときに使用する。（みP.116）

社会

けない話」の略)」などという言葉もあるが、なかなか元の言葉に戻せない。

**さわる【澤る】** あきらめずに前向きに頑張る。「今日、徹夜で澤った」❖女子サッカーの澤穂希《ほまれ》選手の頑張りから。

**シージー【CG】** 合成されたように美しい人。「あなたの顔、CGみたいだよね」❖褒め言葉かどうかと聞かれると答えにくい。

**じーと【ジート】**「おじさんのニート」の略。「私の父はジートなの」

**したメづかい【下目遣い】** 相手を見下すこと。「偉そうに下目遣いをする」反上目遣い

**きたはら** この言葉は以前からあるが、この意味用法は新しい。「上から目線」を『あふれる新語』に載せたが、同じ意味。後掲の「横から目線」とともに新登場。

**しぶメン【シブメン】** ❶「渋いメンズ」の略。「あそこにシブメンがいた」❷渋谷に集まる若者。

**しめんかそ【四面過疎】** 周囲に人がいないこと。「私の生まれた村も、今や四面過疎か」❖現代日本が抱えている問題の一つ。

傑作選

**【エガる】**《えがる》 テンパった挙げ句に下品な行動をとる。「彼はエガって警察に逮捕された」❖お笑い芸人・江頭２：５０から。(ⓐP.129)

社会

**しゅとこうそく【首都拘束】** 帰省ラッシュなどの激しい渋滞に巻き込まれ、首都高から降りられなくなってしまうこと。

**じょうほうじゃくしゃ【情報弱者】** ❶情報を十分に活用できない人。❷情報に振り回される人。関連 遅れ人 補注 パソコンやインターネットなどを使いこなすことができない人、あるいは、マスコミの情報に流されたり、メディアリテラシーが十分でなく情報を活用できない人。インターネット上などで見られる「情弱」は蔑称。また、情報技術の恩恵を受けられるか否かによって社会的・経済的な格差が生じる現象を「デジタルデバイド（digital divide）」という。

**しょくじょ【飾女】** アニメなどのキャラクターのコスプレをしている女性。

**しんじゃ【信者】** 熱狂的なファン。「あの人は、○○の信者だからね」

**じんせい【塵生】** ❶塵《ちり》のような儚《はかな》い命。❷塵が散るような儚い人生。

# すねくい【すね食い】

❶親に養ってもらうこと。❷親の財産で生活すること。

傑作選

**【炎上】**《えんじょう》 ブログなどに書いた内容に対して閲覧者のコメントが殺到すること。❖コメントの多くは批判や誹謗中傷である。（ⓐP.182）

**きたはら** 親の脛《すね》はかじるもの。食ったら脛がなくなってしまう。昔からの成句「親の脛をかじる」「脛かじり」を学ぼうとしないで、新語を作るのはよろしくない。

**スピナー** ペン回しをする人。

**スプリンクラー** 何の前触れもなく突然キレる人。「あの先生はスプリンクラーだから、あんまり調子に乗らない方がいいよ」

**すべりや【スベリ屋】** 面白くないギャグなどで、その場をしらけさせる人。関連 空気泥棒

**すんすん** 小さな子どもがすねて怒っているさま。

**せこロジー【セコロジー】** ❶「せこいエコロジー」の略。節約することがエコロジーにつながること。「水道の蛇口を素早くしめることは立派なセコロジーだ」❷過度に物を大切にする意識。ボロボロになるまで使い、エコを通り越していること。❖ケチに見えることもある。

**せつこ【節子】** 積極的に節電・節約に取り組んでいる女性。「私の母は節子だ」同 節女 関連 節男

**きたはら** 東日本大震災がなかったら誕

傑作選

**【王道】**《おうどう》 あたりまえ。「こういう結果になるのは、ある意味王道だよね」(あP.155)

生しなかった語。セツない言葉だ。節子さんを何人か知っているが、「節操《せっそう》」の節のように感じていた。

**せつじょ【節女】** 節電が好きな女性。同 節子
関連 仏女、歴女

**せつでん【切電】** 電源スイッチを切ること。また、電源プラグをコンセントから抜くこと。「こまめに切電しよう」

**ぜつでん【絶電】** 電気をまったく使わないこと。また、節電を頑張っている人の行動。「彼は節約のため絶電を始めた」

**せつでんしょう【節電症】** （エアコンなどを使用せず）節電するために体調を崩してしまうこと。「節電症になる前に、エアコンをつけておけばよかった」

## せつる【節る】

電気や水、ガスなどを節約する。「みんなで節ろう！」

きたはら 前掲の「節女」「切電」「絶電」「節電症」すべて、原発事故による電力不足があってできた言葉。これらに共通する基本語が「節る」。

**せみさぎ【蟬詐欺】** ❶死んだふり。❷隙をついて驚かせること。❖夏の終わりに、

傑作選 **【オートリバース】** 長々と同じ話を繰り返すこと。また、そういう人。（あP.155）

死んでいると見せかけて実はまだ生きている蝉から。

**せんきょこうやく【宣虚公約】** 耳当たりはよいが実現しなかった選挙公約。「天下り根絶は宣虚公約だったのか……」

**そいびと【添人】** 夫婦や恋人のように、いつまでも側にいてくれる人。

**そうしょくけいだんじょ【捜職系男女】** 職をさがし求める人々。「年々、捜職系男女が増え続けている」

**ソーリーだいじん【ソーリー大臣】** 謝ってばかりいる総理大臣。「○○ソーリー大臣はもう潮時《しおどき》だねぇ」❖政権末期のときに現れることが多い。

**そかる** 周囲をみな敵にまわし、孤立する。❖「四面楚歌」から。

**きたはら** 「かそ（過疎）る」という動詞が『あふれる新語』に載っている。音（仮名）にすれば一音の入れ替えだが、まったく別語になる。「四面楚歌」は身近な言葉ではないが、「二面楚歌」「六面楚歌」「四MEN楚歌」など加工されて使われている。

**だいがめん【大画面】** 顔が大きいこと。ま

傑作選

**【置き勉】**《おきべん》 教科書などを家へ持ち帰らず、学校に置いていくこと。「今日は荷物が多いから置き勉しとこう」（㋯P.63）

社会

た、そういう人。

**だいじん【大臣】**（〜大臣の形で）ある物事をやり続けている人。「あいつは立派な掃除大臣だ」

# たかし

知らないことを知っているかのように振る舞う人。知ったかぶり。「あの人って、たかしだよね」

**たけのこ【タケノ子】** 今はまだ周りと比べると身長は低いが、タケノコのようにぐんぐん大きくなると思われる子。「彼はきっと、タケノ子だね」

**ただラー【タダラー】** 食品やコスメなどの試供品・無料サンプルが大好きな人。「デパートにはタダラーがいっぱいいる」

# だつげん【脱原】

「脱原発」の略。「これからの日本は脱原しないといけない」❖チェルノブイリや福島での原発事故から生まれた言葉。

**だてマスク** 風邪でも花粉症でもないのに、マスクをすること。「だてマスクすると気が楽になる」

**だてる【伊達る】**（結婚した女性が）社会復

傑作選

**【オケる】** カラオケをする。「今日オケりに行こう！」（㋯P.6）

帰する。❖テニスプレーヤーのクルム伊達公子が結婚後もテニス選手として活躍していることから。

きたはら　二〇一一年にスポーツ界で話題になったのは、テニスのクルム伊達公子選手となでしこジャパンの澤穂希選手だ。当然「澤る」という動詞も作られた（前掲）。

**だてんし【堕天使】** とてもかわいかったのに、その面影がなくなってしまった人。「うちの母は堕天使なのか、元々ブスだったのか……」

**だふ【駄父】** 何もしない父親。横になってゴロゴロしている父親。

**たぶんや【多分家】** ❶会話中に「多分」を連発し、あまり信用のできない人。❷記憶力が悪く、物忘れの激しい人。

**ためいき【ため生き】** 自分のためではなく、他人のために生きること。「ゴミを拾って、ため生きしよう」関連 為る

きたはら　表す意味は「為生き」だが、仮名表記では「溜め息」を想起してしまう。既存の言葉に別の意味を当てて新しい言葉を作るのは若者の常套で、枚挙に暇のないほどだが、これは意味が殊勝だ。次項の「為る」も同じ。

傑作選

**【おしえてチャン】**《おしえてちゃん》 調べれば分かるようなことでも、すぐに人に聞く人。「おしえてチャンでゴメン」(ⓐP.183)

社会

**ためる【為る】** 人の為に生きる。ボランティアをする。「あの子、めっちゃ為ってるよねー」関連 ため生き

**だんさリアン【ダンサリアン】** 階段や駐車場の車止めなど、段差に座り込む若者。「うわっ、ダンサリアンとか感じ悪いな」関連 ジベタリアン

**たんぬけ【炭抜】** ❶炭酸飲料の炭酸が抜けてしまったこと。「コーラは炭抜が、ちょうどいい！」❷気が抜けていること。「あの人のことを考えているとき、私は、炭抜になるの……」

**タンピン** 「タンヤオピンフ」の略。地味であるが効果的であること。平凡だが優秀であること。補注 断么九（タンヤオチュー）と平和（ピンフ）は、ともに麻雀における基本の役。

**チエリアン** インターネット上で知識・知恵を共有するためのコミュニティサイト「Yahoo! 知恵袋」を利用する人。

**ちくりびと** 先生や上司にすぐ告げ口する人。「だいたいクラスに一人はちくりびとがいる」

**ちくわみみ【ちくわ耳】** 聞いたことを覚え

---

傑作選

**【お嬢】**おじょう　見た目、行動、また発するオーラなどが、怖いほど迫力のある女性。「あの人っていつ見てもお嬢だよねぇ」（あP.183）

ていないこと。また、そういう人。「弟は、母が何を言っても、ちくわ耳だ」

**ちじタレ【知事タレ】** タレントと知事の二足のわらじを履いている人。

**ちちこもり【父こもり】** 定年後、家にひきこもるようになってしまった父親。

**ちょうがのうれい【蝶蛾の憂い】** 実力はほぼ互角であるにも関わらず、一方だけがひいきされること。❖蝶と蛾は姿が似ているのに、一般的に蝶はきれいで蛾がグロテスクだとされやすいことから。

**ちょける【チョケる】** 調子に乗る。ふざける。「友達がチョケてケガをした」

**ちょびエコ** 些細《ささい》なことでもエコに役立つよう心がけること。「最近、ちょびエコしてます」

**ちりメン【チリ男】** ❶パーマをかけている男性。「今日は、がっつりチリ男にしてください」❷天然パーマの男の人。関連 チリ－女

## つくメン

「尽くすメンズ」の略。女性に尽くしてやる男性。女性を大事にする男性。「この人の彼氏は

傑作選

**【汚超腐人】**おちょうふじん 腐女子の最高ランク。❖腐女子は男性同士の恋愛を描く小説やマンガを嗜好《しこう》する女性。(あP.184)

つくメンだ」関連 イケダン

**つけメン【漬男】** ❶一つの物事に夢中になっている男性。「漬男が趣味を語るときの目は輝いている」❷漬け物が大好きな男性。「彼は年をとるにつれて漬男になっていった」

**つねめが【常メガ】**「常にメガネをかけている」の略。コンタクトレンズなどを使用せず、いつもメガネをかけている人。反 時メガ

**つむ【詰む】** これ以上先に進めなくなる。「これは詰んだな」

**つんさま【ツン様】** 性格がとがっていて、自己中心的な人。

**つんドラ【ツンドラ】**「ツンツンしていてドライ」の略。「あの子のツンドラなところがいいんだよなー」関連 テレツン

**でがわる【出川る】** ❶オーバーにリアクションする。❷ちょっとのことで叫ぶ。❖芸人・出川哲朗のリアクションが大きいことから。

**てきでん【適電】** 適切な節電。無理のない範囲で節電すること。「今日は、気温

**傑作選**
**【おちる】** ログアウトする。「一旦おちるね」❖主にチャットなどから引き上げるときに使う。(みP.94)

社会

が三五・七度だから、エアコンをつけて適電しよう」

きたはら 「節電」から「適電」へ。すでに広告にもなっている言葉だ。電力を適切なときに適切な方法で適度に使うこと。「節電」のように、本意ではなく努力してというニュアンスがない。「絶電」「縮電」「削電」「賢電」などよりいい。

**デジる** 「デジタル化する」の略。アナログからデジタルへ移行する。

**テニんちゅ** テニスを愛する人。「僕らはテニんちゅだ」

**でぶリート【デブリート】** 「でぶなアスリート」の略。スポーツマンであるが、体型がぽっちゃり、ぽよぽよしている人。「デブリートのわりに足が速い」

**テポる** 周囲の反対を押し切って物事をすすめる。「あいつはいつもテポっている」❖北朝鮮のテポドンミサイルから。

**てれつん【テレツン】** 「照れてツンツン」の略。照れ隠しのためにつっけんどんに振る舞うこと。「あいつの悪口はたいていテレツンだ」❖異性を意識し始めた男子中学生に多く見られる。関連 ツンドラ

傑作選

**【乙男】**おとメン　乙女心をもっている男性。料理、裁縫、化粧、少女マンガなどが大好きで、乙女チックな男性。(あP.103)

**てんごくみみ【天国耳】** 都合の悪い話を聞き流すこと。また、そういう人。「天国耳の人はタチが悪い」

**てんどん【天鈍】** 「天然で鈍感な人」の略。「筋金入りの天鈍だなぁ」関連 お造り、養殖天然

**でんぱけい【電波系】** 妄想が激しく、言動に現実味がない人。

## テンプレ

「テンプレート」の略。毎回恒例であること。「ここまでの流れはもうテンプレですね」。

補注 テンプレート(template)は、文書などのひな型。定型書式。

**どうめい【同盟】** 同じ主張や趣味をもつ人たちの間に生まれる結びつき。「うちらの同盟は一生くずれない」❖友情よりも結びつきが強い。

**ときめが【時メガ】** 「時々メガネをかけている」の略。普段はコンタクトレンズを使用していて、時々メガネをかける人。反 常メガ

きたはら 「常メガ」もそうだが、「めがね」を「めが」と短縮し、「メガ」と片仮名にすると、「メガビット」「メガトン」などの「メガ」を思わせ別語の感じになる。

傑作選 **【鬼嫁】**《おによめ》 夫を自分の思う通りに従わせる妻。「隣の奥さんは鬼嫁っぷりを発揮しているらしい」(みP.184)

それにしても、若者はメガネに関心があり、造語も多い。

**どきょる【ドキョる】** 権力を握って調子に乗る。「あいつ最近ドキョッてね？」❖奈良時代の僧侶、道鏡から。補注 道鏡（？～七七二）は奈良時代の法相《ほっそう》宗の僧。仏教に帰依した女帝、称徳天皇（孝謙上皇）に信任され政界に進出。法王となり天皇に次ぐ権力を与えられたが、天皇の死後、下野国薬師寺に左遷され、その地で没した。

**どじょる** 泥鰌《どじょう》のように泥まみれになってでも頑張る。「優勝目指して日々どじょる」関連 泥鰌男子

# ともちゅう【友中】

「友達中心」の略。自己中心的でなくて、友達思いで、友達の意見に合わせようとする人。「○○さんは友中すぎるから、自分の意見もちゃんともった方がいいと思う」

**ないかくそうりだいじん【内閣総理大臣】** ❶コロコロ変わること。変わるのが早いこと。「また違う男と歩いてたよね？内閣総理大臣並み」❷思い出づくり。関連 一年総理

**なごヤン** 「なごませヤンキー」の略。見た目はヤンキーなのに優しい人。

傑作選

**【おネェ】**《おねぇ》 女性のようなキャラの男性。❖完全なオカマではなく、そういうキャラの人にも使う。「おネェキャラ」「おネェ系」のような使われ方が多い。（あP.130）

社会

**なつお【懐男】** かつて流行した物事が、いまだに言動の中に色濃く残っている男性。「懐男の彼はレコードで音楽を聴いている」

**なつめさん【夏目さん】** 裕福な家庭に生まれた子。坊っちゃん。「あの子、夏目さんらしいよ」。❖夏目漱石の小説『坊っちゃん』から。関連 カネボン

**なでしカン** なでしこジャパンの熱狂的なファン。「彼は生粋のなでしカンだ」

きたはら 女子サッカーなでしこジャパンの女子W杯初優勝は二〇一一年を明るくした大ニュースだった。その後「なでしこリーグ」は花盛りだという。キリンが記念して発泡酒「なでしこ缶」を発売したが、言葉としては「なでしカン」の方がはるかに上作。

**なまハムメロンけい【生ハムメロン系】** 何を伝えたいのか分からないこと。「君は一生懸命に何かを説明しているようだけど、生ハムメロン系だよ」❖生ハムメロンがメロンを主としているのか、ハムを主としているのかが分からないことから。

**なめシスト** 礼儀をわきまえず、無礼な態度の人。自己中心的な人。❖古語の形容詞「なめし（無礼だ）」から。

傑作選

**【オフサイド】** 鼻毛が少し出ている状態。また、その鼻毛。(あP.156)

**なりべん【成勉】**　新学期になって、まじめに勉強し始めること。また、そういう人。「まだ成勉だから成績がいいわけではない」❖にわかに金持ちになる「成金」のもじり。

**にじがお【虹顔】**　いろいろな性格をあわせもっており、相手によって態度を変えること。また、そういう人。「あの人は虹顔だから信用できない」

**にじっせいきちゅうねん【二十世紀中年】**　二十代の人たちの合コンの中に、混ざっている中年。「二十世紀中年なので話題が合わない」補注　浦沢直樹原作のマンガ『本格科学冒険漫画　20世紀少年』（小学館）のもじり。

**にはつや【二発屋】**　何かのきっかけで急激に人気が出た後、すぐにすたれてしまうが、数年後、再び人気が出た人やもの。

**ネックレス**　脂肪がつきすぎているなどの理由で、首が見えない人。

**のうたか【能鷹】**　全力を出さないこと。また、そういう人。

---

傑作選

**【ガチ】**《がち》　本気で。真剣に。「俺の彼女、ガチ(で)かわいいよ」(ⓐP.188)

社会

**のせお【ノセ男】**　カツラをしているように見える男性。❖四十代から六十代の男性に多く見られる。

**のだる【野田る】**　❶泥臭く頑張る。「集団の上に立つ者は、時として野田らなくてはならない」❷上手にスピーチをする。「あいつ野田ってるな」❖野田首相の特徴から。

**のふのふ**　のろのろと行動が遅く、ふわふわしているさま。「あの人はのふのふしていて、クマのプーさんのようだ」

**のらがき【野良ガキ】**　暗くなるまで外で遊んでいる子ども。「最近は野良ガキが減ったなー」

**ハイじ【ハイジ】**　「ハイテンションな児童」の略。「ハイジの相手は結構しんどい」

**はかまいラー【墓マイラー】**　昔の有名な人物のお墓を訪問し、歴史を味わうことを好む人。関連 歴女

きたはら　歴史好きの「歴女」の増加やウオーキングブームで、特に若い女性に多いという。寺や仏像を巡るのが「仏女」、著名人の墓を訪ねてまわるのが「墓マイラー」というわけ。新井満著『お墓めぐりの旅』(二〇一〇年、朝日新聞出

傑作選

**【がっつり】**　思う存分に何かをしたり、しようとするさま。
「昨日はカラオケでがっつり歌ったよ」(㋯P.10)

版）は世界のお墓参りだ。

## はげメタ【ハゲメタ】

頭が禿げていて、かつメタボリックシンドロームである人。「私のお父さん、ハゲメタだよ」❖主に中年の男性に使われる。

**はちる【ハチる】** ❶相手に対して、誠意の限りを尽くす。「サービス業では、ハチる気持ちが大切です」❷目をウルウルさせて相手を見つめる。「君にハチられると、弱いんだよなぁ」

**ばつメン【バツメン】** ❶離婚歴のある男性。バツイチの男性。❷ダメな男性。「あの人、バツメンじゃない」

**はでじょう【ハデ嬢】** 派手な服やアクセサリーを身につけている女性。

**はとのたべのこし【鳩の食べ残し】** 中途半端に終わらせてしまったこと。また、その状態。「鳩の食べ残しをどうするかでもめる」❖鳩山元首相の政治から。

**はとやまる【鳩山る】** ❶立場が逆転する。❷相手の自滅により勝つ。「ヴァンホーレ甲府が鳩山った」

傑作選

**【かぴかぴ】** 表面がひび割れしそうなほど、固まっているさま。「米粒がかぴかぴに固まっている」(みP.136)

社会

**はとる【鳩る】** 悪いことだと思わずにウソをつく。無責任に話す。「あの人は、鳩る人だよ」

**はなさかる【華咲かる】** ある人の栄華が花の咲きみだれるように豪華になる。また、その人の栄華が最高潮に達する。

**パパかれ【パパ彼】** 「パパが彼氏」の略。女の子が父親とデートすること。また、その父親。「久しぶりにパパ彼に思いっきり甘えちゃお」

**はばる【幅る】** 特定の人や物と距離を置く。「あいつ面倒くさいから、幅ったほうがいいよ」

**はやぶさてき【はやぶさ的】** ❶長い間の努力が結果を結ぶさま。「彼は、はやぶさ的な出世をした」❷物事の最後を、美しくしめくくること。「祖父は、一生をはやぶさ的に終えた」❖無人宇宙探査機「はやぶさ」の功績から。

**ぱヤン【パヤン】** 「中途半端なヤンキー」の略。コンビニの前でたむろして騒ぐことしかできない程度のヤンキー。「僕はパヤンなのでけんかとかはしません」

きたはら 「ぱ」が「中途半端」の超省略形。それに「ヤンキー」の省略形「ヤン」。

傑作選

**【からメ】** 「空メール」の略。内容を書かないメール。「携帯買ったから、からメ送っといてー」(みP.96)

前掲「なごヤン」があるが、すぐには元の形につながらない。ただ何となくかわいらしく感じられるのは「パヤン」という音のもつ柔らかさからだろうか。

**はらグレー【腹グレー】** 腹の中が黒くもなく、白くもなく、その場の空気を読んで、いかようにも対応できる人。「あんたは、ほんとに腹グレーやなぁ」

**ピーせん【P専】**「ポッチャリ専門」の略。ポッチャリしている人しか好きになれない人。

**ビーた【B太】** 俳優の瑛太に似ていると思っている人。「あいつ、完全にB太でしょ」

**びしょる【鼻笑る】** 鼻で笑う。「あの人いつも鼻笑ってるよねぇ」❖あまり好ましい使われ方はしない。

**ヒスパニック** ヒステリーとパニックを同時に起こしている人。「あの人ヒスパニックだね」

**ひてつ【非鉄】**（鉄道オタクから見て）鉄道に興味をもっていない人。「今回のラストランは非鉄の方々も見にきている」

傑作選

**【感情労働】**《かんじょうろうどう》 もっぱら人を相手にするなど、高度な感情のコントロールが必要とされる仕事。（あP.191）

社会

**ひとリズム【独リズム】** 他人に頼ろうとせず、自分の力で物事を成し遂げようとする考え方。

**ぶしゅ【部首】** 一人ではいられない寂しがり屋で、いつも誰かにくっついて行動している人。

**きたはら** どうしてこういうことを思いつくのだろう。漢字の多くは偏旁冠脚《へんぼうかんきゃく》などの部首から構成されている。しかし、これを人の性格や行動に結びつけるのはかなりの飛躍だ。

**ぶじょ【武女】** 武将が好きな女の子。「私は武女です」関連 仏女、歴女

**ぶつじょ【仏女】** 仏像や寺院などを愛する女性。関連 武女、歴女

**きたはら** 「〜女」には前掲の「武女」や後掲の「僕女」、また「昭女（昭和時代生まれの女性）」「理女（理想の女性）」「理系女（理系科目の好きな女性）」などたくさんあり、二〇〇八年には歴史の好きな「歴女」が注目されたが、二〇〇九年春ころからは、その実態とともに「仏女」がクローズアップされている。寺を巡り、仏像を鑑賞し、仏様と話し合い、座禅や説法で癒しを求めたりするのだそうだ。

傑作選

**【がんばったで賞】**《がんばったでしょう》 とってつけたような最低ランクの賞。「がんばったで賞をもらうと、むしろ惨めな気分になる」（あP.192）

**プライダー** ❶（実力のわりに）プライドが高い人。❷話し終えると必ずドヤ顔をキメる人。

**ふらっきー** いつも足元がふらふらしていて、危なっかしい人。

**ブラワー** 長い間使ったために、花のように開いてしまったブラシ。「この歯ブラシはブラワーだから使えません」

**フリクリ** 「フリーな人同士のクリスマス」の略。恋人のいない者同士が集まってクリスマスを祝うこと。

**ぶりる【ブリる】** 出世する。「私のおじは最近、課長から部長にブリった」❖出世魚「ブリ」の動詞化。[補注] ブリは代表的な出世魚（成長するに従って呼び名が変わる魚）。関東ではワカシ・イナダ・ワラサ・ブリの順に、関西ではツバス・ハマチ・メジロ・ブリの順に呼称が変わる。

**ぺこりーナ【ペコリーナ】** 腰が低く、謙虚な態度でペコペコとお辞儀する人。「彼は気持ちがこもっていないので、ペコリーナではない」

**べらさい【ベラ栽】** 「ベランダ栽培」の略。

傑作選

**【キバカジ】**《きばカジ》 「秋葉原系カジュアル」の略。「キバカジは卒業しろ」(ⓜP.97)

野菜や果物などをベランダで栽培すること。「うち、今年の夏からベラ栽培始めたよ」

**ペンラー**　ペンなどの文房具が好きな人。「実は私、ペンラーなんです」

**ほうしょく【飽職】**　自分の職に飽きてしまい、転職、または退職する人。「あの人は飽職して、今の職に就いたんだ」

**ポエマー**　❶詩を書く人。❷相手に直接言えないことをネット上で表現する人。「あの人はポエマーだから、何を考えているか分からない」

**ポツせん【ポツ宣】**「ポツダム宣言」の略。けんかをやめて仲直りすること。「いい加減にポツ宣しなさい」［補注］ポツダム宣言は、一九四五年にアメリカ・イギリス・中国（のちにソ連も参加）が発した日本に無条件降伏を要求する共同宣言。日本がこれを受諾し、第二次世界大戦が終結した。

**まごる【孫る】**祖父母の家に遊びに行き、愛想をふりまく。「夏休みはかなり孫ったよ」

（きたはら）小遣い目当てじゃ祖父母はたまらぬ。孫の両親も一緒になったりして。ごまかされないぞ。

**マニる**　あらかじめマニュアルで確認して

傑作選

**【決まった感】**きまったかん　ものごとが成功したという思いに自分一人でひたること。また、その動作。（あP.192）

おく。「不安だから、マニっておこう」

**まめうつ【豆器】** 人間としての器がとても小さい人。「私の失敗にいちいちケチをつけてくる彼は豆器だ」

**みしラー【見シラー】** 人見知りする人。「私見シラーだから、初対面の人とか無理なんだよね」

**みといん【水戸印】** 混乱を収めるために力を発揮する人。「この会での水戸印は彼しかいないだろう」❖水戸黄門の印籠から。

**むさいく【ムサイク】** 「むさ苦しいぶさいく」の略。「あー、あの男、ほんとムサイクだわー」

**メガエコ** たくさん節約をすること。

**めがび【メガ美】** 「メガネ美人」の略。メガネをかけるとかわいらしくなる人。「あいつのメガ美っぷりには驚いた」

**メタリックしょうこうぐん【メタリック症候群】** ラメや光り物で目立とうとすること。「親子二代でメタリック症候群です」

傑作選

**【期末テスト症候群】**《きまつテストしょうこうぐん》 切羽詰まっているときに限って、別のことをしたくなること。❖部屋の掃除をすることが多い。(みP.66)

社会

**メロす** ❶友達のために命がけで何かをする。❷（誤解などが解けて）一度疑ってしまった友達と仲直りする。

**もーじゅう【モー充】**「妄想で充実」の略。アニメのキャラクターへの恋愛などにのめり込むこと。また、そういう人。「彼はモー充しすぎていて、気の毒だ」

**もってる** 他の人にはない、特に優れた才能がある。「あの選手はもってる」

**もやに【モヤ似】** 思い出せないが、誰かに似ていること。「おまえ、すげぇモヤ似なんだよなー……」

**きたはら** 「もや」は擬態語「もやもや」の「もや」。実体がはっきりしないさま、曖昧なさま。「もや似」は人だけについていうものではないだろう。なかなか言い得て妙。厚生労働省が標準病名として認定した「もやもや病」という病気もある。

**もれびと【漏れ人】** イヤホンから音が漏れている、ちょっと迷惑な人。❖電車内などによくいるが、本人は迷惑だという自覚があまりない。同お釈迦様 関連シャカつく

傑作選

**【逆コナン《ぎゃくコナン》】** 見た目は大人だが中身が子どもの人。「彼女は年々、逆コナン化している」（あP.132）

社会

**やるお【やる夫】** いざとなると本領を発揮する人。「今日は、やる夫になるよ」❖男性だけでなく、女性にも使える。

**やるやるさぎ【やるやる詐欺】** やるといいながら、結局はやらないこと。「今の政権はやるやる詐欺ばかりだ」

**よこからめせん【横から目線】** ❶横目で接すること。サポートに徹すること。❷友達感覚。❸対等の立場。

きたはら　なでしこジャパンの佐々木則夫監督の指導方法。選手と対等の立場に立って、友達感覚で指導するというもの。「上から目線」は『あふれる新語』に採録して注目されたが、その後、この語や「中から目線」「下目遣い」などの語が生まれた。

**よしのぶる【慶喜る】** 長く続いた状態が終わる。補注 徳川慶喜（一八三七～一九一三）は、江戸幕府最後の将軍。

**ラーラー** ラー油が大好きな人。「あの人ラーラーだから、トンカツにもラー油をかけていたらしいよ」

**ライオン** 朝から晩まで頻繁にメールを送ってくる人。補注 洗剤、歯磨き、化粧品などを扱う大手メーカー、ライオン株式会

傑作選

**【逆デビュー】**《ぎゃくデビュー》 高校入学と同時にそれまではじけていた人がまじめで普通の生徒になること。（みP.66）

社は「おはようからおやすみまで暮らしに夢をひろげる」というコーポレートスローガンでも有名。

**らいちゅう【ライチュウ】**「来年から中学生」の略。「もうライチュウなんだから、しっかりしなくては……」

**リアひん【リア貧】** 現実生活が充実していないこと。「彼女はリア貧だ」反リア充

**リッターだんし【リッター男子】** 一リットル紙パック入りの飲料をストローで飲む男子。

**りょうかつ【涼活】** 夏季に涼しさを感じるための行動。「打ち水は、涼活の一種だ」

**りょうせいるい【両声類】** 女性の声と男性の声の両方を使うことのできる人。「彼は両声類だから、女性の歌も歌える」関連ボカロ 補注 インターネット上の動画共有サイト「ニコニコ動画」で注目を集め、二〇一〇年にメジャーデビューした歌手「ピコ」が有名。

**りょくへき【緑壁】** 草や蔦《つた》などで覆われた壁。緑のカーテン。「ここ、緑壁があるから涼しいね」関連影菜

きたはら 屋根や壁の緑化は環境共生の

傑作選 **【キャピる】**きゃぴる 若々しく振る舞う。「あのおばちゃんちょっとキャピりすぎじゃない？」(みP.12)

上から以前から言われていたが、原発事故による電力不足、そのための節電から、急に重視されるようになった。苦瓜（ゴーヤ）が最も適している。

**レベルひゃく【レベル一〇〇】** これ以上伸びしろがないこと。❖褒め言葉ではない。

補注 レベルは、ロールプレイングゲームなどでキャラクターの強さを示す数値。

**れにゅラー【レニュラー】** 練乳をこよなく愛する人。何にでも練乳をかける人。

**ろうし【老子】** 輝きがなく老人のように見える子ども。「あの子、一三才だけど、老子だよねー」

**わかかれ【若枯】** 若いうちから髪の毛が薄くなっていくこと。また、そういう人。

傑作選 **【キャラい】** キャラクターが印象深い。「見た目からしてキャラいやつ」(あP.44)

# 2

# 学校

通学、授業、部活、塾、受験勉強……
楽しいことがいっぱいの学校生活で生まれた言葉。

**アールピージー【ＲＰＧ】**「レッドポイントゲッター」の略。赤点を取ってしまった人。「私、ＲＰＧかもしれない」

**あくぱく【あくパク】** あくびの最中に先生に見つかりそうになり、口をパクパクさせること。

**あさしゃづけ【朝車漬け】** 満員電車に詰め込まれ、もみくちゃになって出勤・登校すること。❖仕事場や学校に到着する頃には、漬け物のようにくたっとしてしまうことから。関連 押し込み乗車、無茶乗り

**あさどて【朝ドテ】**「朝、ドテっと出会う」の略。朝出かけるときに、道端で運命の出会いをすること。❖マンガやドラマによく見られる定番のパターン。

きたはら 常識的には、朝土手を散歩することを思うだろう。「どてっと」は普通には横になるさまをいう。「ドテっと出会う」とはどんな出会い方だろうか。

**あしゅら【阿修羅】** テニスやバドミントンの授業中に、両手にラケットをもって試合をすること。「あいつ、また阿修羅やってるよ」補注 阿修羅は、古代インドの神。インド神話では戦いを好む悪神、仏教では仏法の守護神とされ、その姿は三面六臂《さんめんろっぴ》（三つの顔と六本の腕）で描かれる。

傑作選

**【ギャンギャン】**《ぎゃんぎゃん》 ❶激しく大げさなさま。❷若々しく弾けているさま。「ダンシングクィーンはもっとギャンギャン踊って！」(ⓐP.76)

奈良・興福寺の阿修羅像が有名で、二〇〇九年に開催された「国宝阿修羅展」では多くの「仏女」を魅了した。

**あせゆめ【あせ夢】** テスト前日に勉強が終わっていないなど、焦っているときに見る夢。「あせ夢にうなされた」❖たいてい追い込まれた内容の夢が多い。

## アリーナ

教卓の真正面に位置する席。「席替えでアリーナになっちゃった。超最悪」❖「アリーナ」は全周をスタンドに囲まれた競技場・劇場などのこと。先生から机の上がとてもよく見えるため、授業中の内職、睡眠は不可能。席替えの際、誰もが避けようとする。反 天席

**アンダラ** 「アンダーライン」の略。注意すべき語句などの下に線を引くこと。「そんじゃー、そこんとこアンダラしといてねー」

**いがメン** 「意外なメンバー（メンツ）」の略。普段話したり遊んだりしない人が集まること。「今日めっちゃいがメン」❖プリクラなどに書くことが多い。関連 いつメン、はつメン、ラブメン

**いちいたいすい【一位退衰】** 一度よい結果が出て浮かれていると、どんどん悪い結

傑作選

**【狂雨前線】**《きょううぜんせん》 梅雨のようにシトシト降る雨ではなく、狂ったように激しい雨を降らせる前線。(あP.132)

果になってしまうこと。「あの人は、テストですごくいい点を取っていたのに、一位退衰して、今では平均以下になってしまった」❖「一衣帯水」のもじり。

**いちきた** 「一旦帰宅する」の略。一度家に帰ってからまた集合すること。「いちきたしてからまた遊ぼう」

**いちゃパラ【イチャパラ】** 「イチャイチャパラダイス」の略。教室や廊下など、学校内の公共の場でカップルがイチャイチャしていること。

**いっちだんけつ【一致男結】** （学校行事などで）クラスの男子だけが盛り上がっていること。「はたから見ると、一致男結している光景は微妙だ」❖「一致団結」のもじり。

**いつメン** 「いつものメンバー」の略。いつも一緒にいる仲のよい友達。「明日、いつメンで遊ぼう」関連 いがメン、はつメン、ラブメン

**ういろう【初浪】** 初めて浪人すること。「初浪はよくあることだから大丈夫だよ」

**うすポカ【薄ポカ】** 「薄めたポカリスエット」の略。水で薄めたスポーツドリンク。「それじゃ、薄ポカ作っておいて」関連 ス

傑作選

**【業務用】**《ぎょうむよう》 常識はずれに大きいこと。「僕の心は業務用だよ」（ⓐP.158）

ポドリ

**うらしまじゅぎょう【浦島授業】** 学校を数日休んだために、授業の内容が理解できずについていけなくなること。「風邪を引いたために浦島授業になってしまった」 関連 授業参観

**えきメロ【駅メロ】** 電車が発車するときにホームに流れる音楽。「駅メロには駅の個性が現れる」❖単なるベルの音や、鉄道会社のオリジナルで原曲のないものは含まれない。

**えんせいラッシュ【遠征ラッシュ】** 部活動の遠征などで、交通機関が混雑すること。「休日に電車に乗ったら、遠征ラッシュに巻き込まれてしまった」❖大会の多い六月から九月頃に多く見られる。 関連 メッシュアワー

**おうそつ【桜卒】** 卒業式の日、桜の下で好きな人に制服のボタンなどをもらうこと。「明日、○○君に桜卒してくれるかどうか聞いてくる」 関連 桜《さく》ナップ

きたはら 美しい言葉。桜の花満開、あるいは散りしきるもとで……。しかし卒業式と桜の開花が一致する地方、その年限り。

傑作選

**【ギリセー】**《ぎりせー》 「ぎりぎりセーフ」の略。（みP.14）

**オールスター** 一日の時間割に、国語・数学・英語・理科・社会のすべてが揃っていること。「オールスターだと荷物が多くて憂鬱だ」関連 国数英理社

**おしこみじょうしゃ【押し込み乗車】** 通勤・通学ラッシュのとき、満員の急行電車などに無理やり乗り込むこと。関連 朝車漬け、無茶乗り

**かいきん【解金】** 学校や仕事から解放される金曜日。「今日は解金！　週末遊ぶぞ！」

きたはら 「花金（花の金曜日）」のもじり。「解禁」も言い掛けているのだろう。

**がいゆう【街遊】** テスト期間などで学校が早く終わった日に、友達と街に遊びに行くこと。「今さら勉強しても手遅れだから、パーっと街遊するか」

**かえすぐ【帰すぐ】**「帰ってから、すぐ」の略。一度家に帰り、時間を置かずに集合すること。「それじゃあ、帰すぐで公園ね」

**かきゴム【書きゴム】** 字を消そうとすると、かえって紙を汚してしまう消しゴム。「書きゴムはテストのときに使えない」

**かげね【陰寝】** 授業中に教科書を立てて、その陰で寝ること。「あいつの陰寝は絶対に

傑作選

**【起力《きりょく》】** 眠たい朝などに起きる力。「起力がないので寝坊してしまった」(ⓐP.193)

バレない」

**かけじょう【駆乗】**「駆け込み乗車」の略。「駆乗に失敗したので遅刻した」
同ギリ乗

**かげべん【陰勉】** 全然勉強していないと言いながら、陰で必死に勉強すること。「陰勉が半端じゃない」同密勉《ひそべん》

**きたはら** 「～勉」にはいろいろある。本章にも「密強」のほか「ゲー勉」「ノリ勉」「バケ勉」「分け勉」などを挙げたが、『あふれる新語』五九ページも参照。

**がしゃる【ガシャる】** テニスなどで、ラケットのスイートスポット以外でボールを打つ。「今日は、ガシャる回数が多かった」

**かしよごれ【貸し汚れ】** 貸したマンガや消しゴムなどが汚れて返ってくること。また、その汚れ。「あいつに貸すと必ず貸し汚れだし……」

**かどどろぼう【角泥棒】** 他人の消しゴムの角の部分を勝手に使うこと。また、その人。「おまえ、角泥棒かよ！」

**かどばたかいぎ【門端会議】** 井戸端会議の現代版。「門端会議してたから遅くなっ

傑作選
**【きわい】** きわどい。微妙である。「この味きわいな」
(みP.14)

た」❖主に女子中高生が帰り道の別れ際に行う。

**かどべや【角部屋】** 電車の座席で、もっともドアに近い席。「ラッキー、角部屋ゲット！」❖化粧板や手すりにもたれることができるため、人気がある。

**かなげん** 「悲しい現実」の略。「この前のテストは○○点だった……これもかなげんだ」

**ガルせん【ガル専】**「ガール専用車両」の略。電車の女性専用車両。「今日はガル専で行こう！」

# かんじ【勘字】

勘で書いた漢字。「勘字は後で見るととても恥ずかしい……」関連 恥解

**かんナビ【勘ナビ】** 地図やカーナビを使わず、自分の感覚だけで目的地を目指すこと。「今日は勘ナビで横浜まで行ってみよう！」

**がんレ【顔レ】**「顔面レシーブ」の略。球技において、顔面や頭部でボールを受けること。❖特に強いボールを受けたときに使われる。

きたはら 「ガン」という音によるのだろうが、とても痛そうな感じ。「レ」が「レ

傑作選

**【空気を読む】**《くうきをよむ》 場の状況や雰囲気に応じて、臨機応変な言動をとる。❖平穏無事に生きるためには、もっている方が望ましい能力。（みP.14）

＝シーブ」の略とはなかなか思いつかない。

**ぎしんあんき【疑心暗記】** 暗記がしっかりとできているのか疑いの心をもっていて、不安なこと。「テストに疑心暗記な気持ちで挑む」

**きゅうかく【給覚】** 四時間目の終わり頃に、教室の窓から漂ってくる給食のにおいをかぐだけで、その日のメニューを言い当てられる能力。「彼は学年で一番給覚が優れている」❖主に小中学生が使う。

**きゅうけつき【九欠鬼】** 定期テストにおいて、九科目で欠点を取ること。また、取った人。❖進級することはまず難しい。

関連 八欠病（＝八科目で欠点）

**きゅうほう【給放】** 給食の時間に流れる放送。「水曜日は給放が流れない……」

**きょうかしていせいと【強化指定生徒】** 生活態度が悪く、宿題をしてこないなどの理由で、先生が特に指導しなければいけない生徒。「彼は数学の強化指定生徒として居残りをさせられた」❖「指定」だからほとんどが決まった生徒。

**ぎりじょう【ギリ乗】** ギリギリで電車やバスなどに乗ること。同 駆乗《かけじょう》

学校

傑作選

**【くずれ】** 部活動を途中であきらめた人の総称。「おーい、そこのバスケ部くずれ、早く来い」(みP.67)

学校

**ぐしゃる** ❶（消しゴムを使っているときに）紙がくしゃくしゃになる。「うわぁ、ぐしゃった」❷風などで髪の毛が乱れる。❸果物や野菜が熟しすぎる。「このイチゴ、ぐしゃってるよ」

**くつでん【靴伝】** 好きな人の下駄箱に手紙を入れて、思いを伝えること。「靴伝で告白する」同 下駄伝 関連 古告《ふるこく》

きたはら このやり方は古くからあったが、呼び名は新しい。靴で伝えるから「靴伝」。やはり古い方法らしく「古告」と見られている。後掲の「下駄伝」よりもきれいいか。

**くよう【供養】** 赤点を取った教科の追試や補講を受けること。「物理の供養に行ってきまーす」

**クロッキー** 黒地に黄文字のナンバープレート。「登校中に、クロッキーを見つけた」

❖見つけるといいことがある、と言われている。補注 黒地に黄文字のナンバープレートは、事業用の軽自動車に用いられている。ちなみに、自家用の軽自動車の場合、黄色地に黒文字となる。

**ゲーべん【ゲー勉】** ゲーム機を使って勉強すること。「ゲー勉してから脳年

傑作選

**【黒歴史】**《くろれきし》 ❶現在成功している人が、まだ有名でなかったころに行った恥ずべきこと。❷表の歴史から抹消されている過去。（みP.153）

齢が低くなった気がする」補注 携帯ゲーム機には、学習用のゲームソフトが数多くある。「脳トレ」関連のソフトが大流行したのは記憶に新しい。また、宅地建物取引主任者やファイナンシャルプランナーなどの資格試験のための学習ソフトも発売されている。

**げこうきょひ【下校拒否】** 家に帰ることを嫌がって学校に残ること。「彼は下校拒否しているから、一緒に帰れないよ」反 登校拒否

**けしこい【消し恋】** 消しゴムに好きな相手の名前を書いて、それを使い切ると恋が叶うというおまじない。「消し恋のために必死で消すわ」

**げたでん【下駄伝】** 下駄箱に手紙などを入れて、相手に思いを伝えること。「好きな彼に下駄伝する」同 靴伝 関連 古告《ふるこく》

**けっしょうせん【結晶戦】** 今までの努力や苦労、思い出が一つの形となって表現される試合。とても重要な一戦。❖たくさんの思いが交差する。

**けびょる【ケビョる】** 仮病で休む。

**こうぎょうびょう【工業病】** ❶どんな女子

傑作選

**【ケチャラー】** ケチャップが好きな人。何にでもケチャップをかける人。「私、ケチャラーよ」(みP.16)

でもかわいく見えてしまうこと。❷女子を見るとテンションが上がってしまうこと。❖工業高校では女子の割合が低く、クラスのほとんどが男子であるため、工業病にかかりやすいと言われている。

**ゴースタッフ**　「ゴーストスタッフ」の略。幽霊部員。「かれこれ三年間ゴースタッフのままだ」❖「幽霊（ghost）」と「部員（staff）」を合わせた造語。関連 幽霊顧問

**こくすうえいりしゃ【国数英理社】**　とてつもなく大変な一日。「今日は、朝から晩まで仕事だ。まさに、国数英理社だ」関連 オールスター

**こくどう【酷道】**　（センターラインがなかったり、舗装がされていなかったりと）酷《ひど》い状態の国道。

**こくばん【告板】**　黒板にメッセージを書いて、好きな人に思いを伝えること。「昨日、彼に告板されたの」

**こそゆび【コソ指】**　授業中などに、机の下でこっそり携帯メールをすること。「コソ指が見つかって怒られた」

**ごまちしき【ごま知識】**　ちょっとした知識。❖豆知識よりも小さい。

傑作選　**【限定】**げんてい　一般大衆の購買意欲・物欲をより一層かきたてる魔法の言葉。人々を惑わす言葉。（㋯P.153）

きたはら　豆知識よりも小さい、ちょっとした知識という意味で、多く自分の知識について謙遜《けんそん》の気持ちで使われているようだ。

**ごりんまつり【五厘祭】** 野球部のみんなで頭を五厘に剃ること。「明日、五厘祭するぞ」関連 寂聴る、バリーぼんず

**ころもがえ【衣がえ】** 中学生のとき地味だった子が、高校生になって性格も態度もかえること。「あの子は、この春衣がえした」同 高校デビュー 関連 トランスフォーム

**さいみんじゅつし【催眠術師】** 黒板と向き合って授業をする先生。❖指名などをしない安心感から、生徒が次々と睡魔に襲われる。

**ざがく【座学】** 座ったまま受ける授業。「今日は朝から座学ばかりで滅入る」

きたはら　実技や実践ではなく、座って受ける講義形式の授業。教室で受ける授業のほとんどはこれだが、普通であるだけにこの語はあまり使われなくなった。

**さくナップ【桜ナップ】** 「桜スナップ」の略。入学式や卒業式に、桜の下で写真を撮ること。「式の後は混むから、今のうち

傑作選
**【小秋日和】**《こあきびより》 8月なのに秋のように涼しい日。❖温暖化が進むなか、特別ありがたく感じられる。（あP.195）

に桜ナップしておこう」関連 桜卒《おうそつ》

**さつきばれ【五月バレ】** 新入生や新入社員が不良のフリやエリートのフリをして一ヶ月を過ごすが、五月になると化けの皮がはがれて、自分の正体があらわになること。

**さぼてん【サボ天】** 思わず授業や仕事をサボりたくなってしまうほどいい天気。きれいな青空。適度な気温。「今日はとてもサボ天だね」

**さぼりびと** 掃除や勉強など、面倒くさいことをさぼる人。

**さらう** （吹奏楽などで）一つひとつの曲を、あまり時間をかけずに軽く通す。「今日はたくさん合奏するので、各自さらっておくように」

## さわとも【爽友】

親しいながらもサラッとした爽やかな関係の友達。

**しおちゃん【塩ちゃん】** 塩分が含まれた飴玉《あめだま》。「休憩して、塩ちゃん食べよ～」❖運動部の子が熱中症予防のために用いる。

**じげる【地蹴る】** サッカーで、誤って地面を蹴る。「地蹴ったのでつま先が痛い」

傑作選

**【恋バナ】**《こいばな》 「恋の話」の略。高校生を中心にお互いの恋愛の話をするときに使う。「恋バナしよー！」(ⓜP.16)

学校

**しもとり【下とり】**下ネタ限定のしりとり。

**しゃかつく【シャカつく】**ヘッドホンなどから音漏れする。「隣の席の人がシャカついていて鬱陶しい」関連 お釈迦様、漏れ人

**じゃくちょる【寂聴る】**（野球部員などが）気合いを入れて五厘刈りにする。「甲子園目指してみんなで寂聴ろう！」❖瀬戸内寂聴さんの頭から。関連 五厘祭、バリーぼんず

きたはら　頭を丸めているのは寂聴さんだけでないのに、女性の有名人の頭を借りたところが面白い。前掲「五厘祭」という祭もある。

**しゃこう【車校】**「自動車学校」の略。「今日は車校があるから早く帰るね」

**じゅぎょうさんかん【授業参観】**❶授業の内容が分からず、席に座ってぼう然としていること。❷授業には出るが学ぶ意志がないこと。関連 浦島授業

**じゅくかつ【塾活】**教え上手な先生がいる塾を探すこと。「高校生になったら、まず塾活だ」

**じゅけんせいデビュー【受験生デビュー】**それまでチャランポランだったはず

傑作選

**【こそアド】**こっそりメールアドレスを交換すること。「おい、こそアドしてたのかよ。抜け駆けだー」(あP.14)

が、高校三年生の夏休みくらいから急に勉強しだすこと。「あいつもついに受験生デビューか」

**しゅんるい【春涙】** ❶卒業式など、春の別れの場面で流す涙。「春涙が止まりません」❷受験の結果を受けて流す涙。「あいつの春涙は合格したからだよ」

**じょうほうせん【情報戦】** （学校でのミニテストなどの前に）すでにテストが終わった他のクラスの人に問題を聞くこと。

**すきじょう【隙乗】** 満員のエレベーターなどで、ちょっとの隙間を見つけて乗り込むこと。「おいおい、隙乗しようとすんなよ！」

**スクバ** 「スクールバッグ」の略。学校指定の鞄。

## すてね【捨て寝】

テスト前日になっても何の準備もせず、今からやっても無駄だと思い、寝てしまうこと。

**きたはら** いかにも中高生らしい新語。「～寝」には「陰～」「つく～」「デコ～」などいろいろあるが、明日のテストは捨ててという意味は出せない。音は「ふて寝」に近く、「捨て値」という同音語もあ

傑作選
**【こそ食い】**《こそぐい》 ものをこそこそ食べること。バレないように食べること。❖「つまみ食い」とは若干ニュアンスが異なる。(ⓐP.195)

るので語呂がいい。

**スパだち【スパダチ】**「スーパー友達」の略。とても仲のよい友達。「君はスパダチだ」

**スポかん【スポ観】**「スポーツ観戦」の略。「今度一緒にスポ観行かない？」

**スポテ** 「スポーツテスト」の略。「明日はスポテがあるから、頑張ろう」

**きたはら** 前項の「スポ観」、後項の「スポドリ」も同様だが、何の省略形か、さっぱり想像がつかない。「スポ」には「スポニチ」があるが、「テ」が「テスト」の略であることは思い当たらない。「ポテトチップス」を「ポテチ」と略す先例はあったが。

**スポドリ** 「スポーツドリンク」の略。「やっぱ部活の後はスポドリが欠かせない」 関連 薄ポカ

**すみがき【隅書き】** ノートやプリントの余白に、絵や歌詞などを書くこと。「あまりに退屈で隅書きしていた」関連 暇書き

**スリープモード** 机に突っ伏して居眠りすること。「後ろの席だからって、スリープモードになりすぎだろ、アイツ」❖テス

傑作選

**【コヤジ】**《こやじ》 20代後半から30代で、若いのにオヤジがかった人。「そろそろあの人もコヤジだ」(みP.18)

ト開始から三〇分程度でよく見られる。
関連 机寝《つくね》、デコ寝

**せいけんこうたい【政権交代】** 学級委員が替わること。「二学期は激戦の末に政権交代がおきた」関連 性権交代

**せきあい【席愛】** 教室や職場で、座席が近い人に恋心が芽生えること。

**セレつう【セレ通】** 「セレブ通学」の略。車で学校に通うこと。❖まわりからうらやましい目で見られる。

**センターをとる【センターを取る】** 選挙で当選する。「次の生徒会選挙でセンターを取るのは誰だろう」補注 作詞家・秋元康プロデュースによる女性アイドルグループ「AKB48」に関連する用語。センターとは、センターポジションのこと。AKB48では、シングルCDの発売ごとに参加するメンバーを選抜し、センターを取る人を決める。

# そつがき【卒書き】

卒業式の日に机の裏などに落書きすること。❖一般に「平成〇〇年度卒業生」と書き出すことが多い。

傑作選
**【紺ソ】**《こんソ》 紺色のハイソックス。「紺ハイ」とも。(みP.69)

**そつこく【卒告】** 卒業式の日にする告白。「今から、卒告してくる」

**だいじょうぶ【大丈部】** 落ち込んでいる人を励ます部活。「あんまり悲しいから大丈部に励ましてもらおう」

**たむだち【たむダチ】** 「たむろする友達」の略。「たむダチとカラオケに行く」❖親友とはちょっとニュアンスの違う仲よしの友達。

**ちかい【恥解】** 「恥ずかしい解答」の略。「今回のテストは恥解が多くて他人にはとても見せられない」関連 勘字

**ちゃりんこい【チャリン恋】** 自転車で登校する途中に他校の魅力的な異性とすれ違い、恋に落ちること。「僕は毎朝、チャリン恋状態です！」❖朝からチャリン恋すると、その日一日が充実する。関連 電車ロマンス、ラブ電

**ちょいめし【ちょい飯】** 鞄《かばん》の中に入れてある長期保存が可能な食料。「今日、お弁当忘れたから、ちょい飯でも食うか」❖お弁当を忘れてしまったときに役立つ。

きたはら 「ちょい」は「ちょい待ち」「ちょい役」などの「ちょい」で、わずか、ちょっとの意。「ちょい酒」「ちょいお茶」などの語もある。ちょっとした軽い食

傑作選 **【ザー食い】**《ざーぐい》 傾けた菓子の袋に直接口をつけて、一度に中身を流し込んでほおばる食べ方。❖行儀は悪いが満足感がある。(ⓐP.199)

事が元の意味で、長期保存可能というのは副次的なものだろう。大阪日本橋にある「ちょいめしあさチャン」は名前に反して大盛りで大評判。

**ちょメる【チョメる】**「チョコっとメモする」の略。「期末テストの範囲をノートにチョメる」

**つうがく【痛学】** 嫌いな授業やテストがあるため、嫌々ながら通学すること。「休みたいけど痛学しなきゃ」

**つくね【机寝】** 机に伏せて居眠りすること。「古文の授業はいつも机寝だ」〔関連〕スリープモード、デコ寝

## ディクる

辞書を引く。「分からない言葉があったら、ディクる」❖「ディクショナリー」の略の「ディク」を動詞化した語。〔関連〕電索、連引き

**ていトレ【低トレ】**「低酸素トレーニング」の略。酸素濃度の薄いところでトレーニングをすること。「今日も頑張って低トレしよう」〔補注〕低酸素トレーニングは、酸素摂取能力の向上による持久力の増大などを目的するトレーニング。登山家やアスリートが行うことが多い。

傑作選

**【さぎプリ】** 本来の顔よりもかわいく撮れたプリクラ。「さぎプリに成功しました」(ⓐP.199)

**できおち【でき落ち】** いつもなら簡単にできることが、肝心なときにできなくなること。「入試ででき落ちしちゃった」

**でこね【デコ寝】** 額を机の上につけて居眠りすること。「髪型がくずれないようデコ寝しよう」関連 スリープモード、机寝《つくね》

**テッさく【テッ策】**「テスト対策」の略。「みんなでテッ策しようぜー」

**てつなき【徹泣き】** 宿題などが終わらず、泣きながら徹夜をすること。「昨日、徹泣きしながら勉強したよ」

**でんさく【電索】** 電子辞書で意味を調べること。「用語の意味を電索する」関連 ディクる、連引き

きたはら 電子辞書で検索するから「電索」。とても素直な造語だ。まだあまり一般化していないようだが、これから普及して辞書に載るようになるかもしれない。スマートフォンで検索するという意味の「スマ検」も同様だ。

**でんしゃロマンス【電車ロマンス】** 通学電車などで、毎日乗り合わせている異性が気になること。関連 チャリン恋、ラブ電

**てんせき【天席】** 窓際の列の一番後ろの席。

傑作選 **【サクッと】**さくっと あまり深く考え込まず、淡々と遂行するさま。「さて、残りの仕事もサクッと片付けて、飲みに行こう」(みP.154)

「今度の席替えでは運よく天席をゲットした」反アリーナ

**でんちゃ【電チャ】** 電動アシスト自転車。

**どくがく【読学】** 本を読み、学ぶこと。「若いうちに読学しないと偉くなれないぞ」

**とこなつ【床夏】** 夏休みの間、ふとんに潜って一日中ダラダラと過ごすこと。「床夏していると、どんどん駄目な人間になる」

**どっかいりょく【読解力】** ❶文章に書かれていないことまで想像する力。❷突飛な解釈をする力。❸（通常は発見できないようなことに）直感的に気づく力。「部屋の本棚見られただけで浮気バレちゃってさ。読解力ありすぎだろ」

**どっかん【読感】** 「読書感想文」の略。「昨日やっと読感終わったよ」

**ドミる** 怒られている人のとばっちりが周囲に波及する。「あいつが掃除をさぼったせいで、先生の怒りがこっちまでドミってきたよ」❖ドミノ倒しから。

きたはら　「ドミノる」と言わないところがミソ。「ノ」一音を省略するだけ元の形から離れ、分かりにくくなる。

傑作選　**【3点セット】**さんてんセット　教科書、ノート、ワークの3つをあわせたもの。（みP.69）

学校

**トランスフォーム**　久しぶりに会った友人の外見や雰囲気が大きく変わっていること。「夏休みで完璧にトランスフォームしたな」関連 衣がえ 補注 transformは、「変形させる」「変換する」の意。「トランスフォーマー」（発売元：タカラトミー）という変形ロボット玩具が有名。

**ながれぶ【流れ部】**　下校途中に始まる部活。その場の雰囲気（流れ）で近くの店に寄る少人数の生徒の集まり。

**ながれる【流れる】**　居眠りをして電車を乗り過ごす。「酔っぱらった父は今日も流れていきました……」

**にーと【ニー徒】**　部活に入っていない生徒。「せっかくの学生生活がニー徒ではもったいない」

**ねっちゃり【熱チャリ】**　熱唱しながら自転車に乗ること。「ほろ酔い加減で熱チャリする」❖知り合いに会うと恥ずかしい。

**ねもじ【寝文字】**　授業中や会議中など、眠くて意識が朦朧《もうろう》としているときに書いた文字。同 みみず文字

**のりべん【ノリ勉】**「ノリだけの勉強」の略。ざっと目を通しただけで分かったつもり

傑作選
**【ししゃも足】**ししゃもあし　スポーツなどで鍛えられて、ししゃものような形になったふくらはぎ。「あの子、超ししゃも足！」（あP.159）

になること。「あいつはノリ勉なのであてにならない」

**バケべん【バケ勉】** 夏休みなどの長い休み(バケーション)にたくさん勉強すること。「二学期はバケ勉の成果を発揮する」反 分け勉

**ばけやしき【化け屋敷】** 女子トイレ。❖休み時間などに女子がトイレで化粧を直すことから。

**パスどめ【パス止め】** 電車の改札口を通れないこと。「今朝、駅でパス止めにあって恥ずかしかったよ」

**きたはら** 「パス(pass)」には通過と通行許可証の意味があるが、ここは通過が止められるのではなく、通行許可証が無効で通れないことをいうのだろう。駅員ではなく機械に止められた語感が強い。

**はつどうする【発動する】** ❶数学の問題を解く際に、公式を用いる。❷普段なかなか使わない能力を発揮する。「昨日の試合はちょっと発動しちゃったね」

**はつメン** 「初めてのメンバー」の略。「週末、はつメンで遊ぶ予定」関連 いがメン、いつメン、ラブメン

傑作選 **【自爪】**《じづめ》 (つけ爪に対して)自分の爪。(あP.200)

**ばとる【場取る】** 運動会などで、見学する場所を確保する。

**きたはら** 素直な造語だが、激しい取り合いを思わせる。アクセントはbattleと同じく「バ」を高くするのだろう。

**ははネット【母ネット】** 世の母親たちの情報網。「秘密にしていたテストの点数が母ネットによりバレてしまった」

**はむこう【ハム交】** 電車やバスなど、公共の交通機関。「自家用車よりも、ハム交の方がエコだよ」❖「公」を「ハ」と「ム」に分解した語。関連 ハム電

**バンけつ【バン結】**「バンドを結成する」の略。音楽の趣味が近い仲間を集めてバンドを結成すること。「文化祭に向けて早めにバン結しなくちゃ」

**ひじる【肘る】**（スポーツなどで）審判に見つからないように、相手に肘打ちを入れる。

**ひそべん【密勉】** 勉強していないと見せかけて、実はしっかり勉強していること。「おまえってなにげに密勉しててね？」同 陰勉

**ひまがき【暇描き】** 何もすることがないとき、気づいたらラクガキしていること。「先生が変な話をしていたから暇描きしててし

傑作選 **【ジベタリアン】**《じべたリアン》 駅のホームなどの地べたに座り込む人。（みP.21）

まった」関連 隅書き

**ぶかしゅん【ブカシュン】**「部活で青春」の略。「高校生活の醍醐味はやっぱブカシュンでしょ」

**ぶかつびょう【部活病】** 部活がないと気分が下がったり、何も手につかなくなる病気。「あー、部活やんないから、部活病になっちゃうよー」

**フライング** あまり親しくない友人をあだ名や下の名前で呼ぶこと。「さっき吉田に〝ケン坊〟って呼ばれたんだけどフライングじゃない？」

**ブラックマンデー** 土日に宿題をやっていなくて、放課後に居残りさせられる月曜日。

**きたはら** 月曜日を祝日として調整して三連休にするハッピーマンデー制度は法律で定められたものだが、これは自ら招いたブラックな月曜日。ただし、史上最大規模の世界的株大暴落の起きた一九八七年一〇月一九日月曜日、という本物のブラックマンデーもある。

**ふらりたび【ふらり旅】**（授業中に）考えごとや妄想などをして上の空になること。「やばい、さっきの時間、完全にふらり旅

傑作選

**【じもる】** 地元で遊ぶ。❖主に高校生などが地元の仲間と一緒に遊ぶことを表す語。「久しぶりに幼なじみとじもった」（みP.22）

学校

してた〜」

**ぶランチ【部ランチ】** 部活の後にみんなで食べる昼食。「運動後の部ランチはうまい」

**ふるこく【古告】** ラブレターを靴の中に入れるなど、時代遅れな方法で告白すること。「あんまり古告だと引かれるぞ」関連 下駄伝、靴伝

**フルやすみ【フル休み】** 新型インフルエンザによる学級閉鎖や休校。

**ぶれん【部恋】**「部活内恋愛」の略。

**ふわる** （授業中や勉強中に）眠くなる。「今日、まじでふわっちゃったー！」❖授業中に居眠りしている人の様子から。

**ペナる** ペナルティを受ける。「また、おまえペナったな」

**べんじょイ【便所イ】**「便所でエンジョイ」の略。トイレに集まり会話などを楽しむこと。「みんなで便所イしてくっぺ」❖主に女子が使う。

**ほみん【保眠】** いやな授業のとき保健室で仮眠をとること。「○○くんまた保眠しに行った……」

傑作選 **【ジャイこ】**「ジャイアント黒板消し」の略。（みP.70）

**マイメン** 古くからの友達。幼なじみ。「あの子は私のマイメンなの」

**まりお【鞠男】**（体育の授業で）球技になると、人が変わったように元気になる男子。

**みみずもじ【みみず文字】** 眠気などにより意識がはっきりしない状態で書いた文字。「みみず文字ばかりで何を書いたかさっぱり読めない」同 寝文字

**むちゃのり【無茶乗り】** ❶すし詰めの電車やバスに乗ること。「このバスに無茶乗りしないと間に合わない」❷人が話をしているところに無理やり割り込んでくること。関連 朝車漬け、押し込み乗車

きたはら 通学・通勤にかなり無理な乗車をしているらしく、「押し込み乗車」「駆乗《かけじょう》」「ギリ乗」など、その関係の語が多い。

**むらさきもよう【紫模様】**（部活などで）痣《あざ》だらけになっていること。「紫模様たくさんだし」

**メッシュアワー** 網の目のようにスカスカになる時間帯。電車などが混雑していない時間帯。「今、メッシュアワーじゃん！ラッキー！」反 ラッシュアワー 関連 遠征ラ

傑作選 **【シャカ男】**《しゃかお》 イヤフォンやヘッドフォンから音漏れしている男の人。（あP.201）

ッシュ

**もしゃぶるい【模試ゃ震い】**　模擬試験の前後にアドレナリンが増加し、気分が高揚すること。「よっしゃ、模試ゃ震いでテンションが上がってきたぞ」

**ゆうれいこもん【幽霊顧問】**　年度のはじめや重要な試合などにしか来ない顧問。「あの先生は幽霊顧問だからな……」関連 ゴースタッフ

**ユニフォームマジック**　ユニフォームを着ているとどんな人でもかっこよく見えること。❖主に中高校生の男子に起こる。

野球部・サッカー部に多い。

**ゆるフレ**　「ゆるいフレンド」の略。（部活の大会などで顔を合わせるだけのような）ゆるい関係の友達。「あいつとはゆるフレだけど名前も知らないんだ」

**よるばな【夜話】**　修学旅行などの行事の夜にする、普段は言えない話。「その件は、夜話であらためて……」❖大半は恋愛話と下ネタである。

**ラスがん【ラス頑】**　「ラスト頑張れ」の略。（スポーツなどで）残りわずかだから頑張

傑作選
**【シャツｉｎ】**《シャツイン》　シャツをズボンの中に入れること。「あの人、シャツｉｎしてる!!」(みP.99)

れという激励《げきれい》の言葉。「あと一周だから、ラス頑！」

**ラスご【ラス5】** 授業が終わるまでの最後の五分間。「さっきの授業はラス5が眠かった」

**ラスすぱ【ラススパ】** 「ラストスパート」の略。「ラススパ、追いこんで頑張る」

きたはら 前二項「ラス頑」「ラス5」も同様だが、「ト」一音を省略するだけで「ラスト」に戻れなくなる。その離れが狙いなのだろう。

**ラブせき【LOVE席】** 好きな人の横の席。大切な席。「○○君の横じゃん！ LOVE席だね！」

**ラブでん【ラブ電】** 好きな人や片思いの相手と同じ電車に乗り合わせること。関連 電車ロマンス、チャリン恋

## ラブメン

いつも一緒で、ラブラブなメンバー。「今日、ラブメンで遊んだ」関連 いがメン、いつメン、はつメン

**りょくばん【緑板】** とてもきれいな黒板。「ちゃんと緑板になるまでしっかり掃除してください」

傑作選

**【写メラマン】**しゃメラマン 携帯電話で写真を撮るのがとても上手な人。「あの写メラマンの撮った写真は実物とあまりにも違う」(あP.109)

**レインボービーム**（野球などで）ゆるい送球。虹のような弧を描く送球。「今の送球、レインボービームだな」反 レーザービーム 補注 レーザービームは、イチロー選手（シアトル・マリナーズ）に代表される、まさに矢のような送球。

**れんきゅうのめ【連休の目】** 連休の間に一日だけある平日。「今年のGWはちょうど真ん中に連休の目がある」❖カレンダーで赤い数字の中に黒い数字（目）があるから。

きたはら 熱帯低気圧の雲の中心部にできる雲のない空洞部分が「台風の目」。連休の中の一日だけの平日はまさにその「目」だ。言い得て妙なる言葉だ。

**れんびき【連引き】** 辞書で引いた単語の意味が分からないため、さらに、その単語の意味を辞書で引くこと。「えっ、この単語の意味、理解できないよ。仕方ない、連引きして地味に調べますか」関連 ディクる、電索

**ろうこく【廊告】**「廊下で告白する」の略。学校の廊下で意中の相手に告白すること。「私、これから廊告するねん」

**わけべん【分け勉】** ある時間にいっきに勉強するのではなく、こまめに勉強すること。反 バケ勉

傑作選 **【しゃれお】** オシャレな男性。「彼はしゃれおだ」（みP.22）

# 3

# 心と体

この気持ち、この感覚をどう呼べばいいの？
あふれだす自意識から生まれた等身大の言葉。

**アウェイ**　一人で浮いていること。一人だけテンションが違うこと。「あの人、アウェイじゃない？」

**あがりび【アガリ日】**　テンションが普段より上がっている日。反サガリ日

きたはら　最近の若者はテンションが気になるらしい。この章だけでも「気上げ」「昇華する」「テン落ち」「テンション迷子」「テンマ」などテンションに関するものが多い。

**あげぽよ**　気分が高揚しているときに使う語。「思ったよりテストの点数よくて、まじあげぽよー」反さげぽよ

きたはら　二〇一〇年の女子中高生ケータイ流行語大賞銀賞、ギャル的流行語大賞第一位に輝いている。以前から女子中高生が気分のいい状態を「アゲ〜！」「アゲアゲ」などと言っていたものの進化版。「〜ぽよ」はかわいらしさを表すだけで特に意味はない。「さげぽよ」の他に、「ラブぽよ」「やばぽよ」などもある。

**あとおこり【後怒り】**（説教などをされて）その当座でなく、後で思い返して怒ること。「おい、それいつの後怒りだよ」同後ギレ

傑作選　**【ジュージャン】**《ジューじゃん》　ジュースを賭けたジャンケン。「今からみんなでジュージャンやろう」（みP.70）

**あとおも【後思】** 苦しかったり、辛かった出来事が何年後かにいい思い出として思い出されること。「体育祭の練習って後思いだよね」

**あとぎれ【後ギレ】** しばらく経過してからいきなり怒りだすこと。❖「思い出し笑い」の逆。同後怒り

**いえバト【家バト】** 家で母親と一週間程度けんかすること。反抗期の後半によくある。「私、今日で家バト五日目なんだ」❖バトは「バトル」の略。

**いきる【イキる】** 「いきり立つ」の略。怒って興奮する。「たかしはイキって枝を折ってしまった」

**いぞる** 「依存する」の略。「最近、携帯にいぞってきた」

**ういういしい【憂々しい】** 思春期特有の悩みにより、追いつめられ、憂鬱《ゆううつ》になっているさま。「こんなことぐらいで憂々しくなってる私、本当に嫌いになる」❖この状態はわりとすぐに治る。

**うえる【飢える】** （友達が彼氏といるところを見てしまい）無性に彼氏が欲しくなる。

傑作選　**【就職語】**《しゅうしょくご》 仕事に就くための言葉。敬語。（みP.123）

「極限まで飢えています」

**うざいとしい【ウザいとしい】** 何をしていても鬱陶《うっとう》しい人に、なぜか愛情を感じてしまうさま。「あのキャラってウザいとしいんだよね」❖ウザくても愛《いと》しさを感じることができる人を形容する語。

**うちぎれ【内ギレ】** 内心ではキレつつも、笑顔で対応すること。「今だから言うけど、あのときは内ギレしてました」

**きたはら** 内でキレるのはまだいいが、ほんとにキレるのは恐い。「イキる」「後ギレ」「おまイラ」「カチる」「黙ギレ」などイライラしたり、キレたりする語は多い。

**ウチナータイム** 沖縄に特有のゆったりとした時間感覚。また、時間にルーズなこと。「あいつ、今日もウチナータイムだな」❖「ウチナー」は沖縄方言で「沖縄」の意。

**おまいら【おまイラ】**「おまえら見てるとイライラする」の略。「いい加減にしろよ。おまイラだから！」❖ゲームの中で使われるセリフ。

**かがいもうそう【加害妄想】** 他人の迷惑になっていないか気になって仕方ないこと。「ひどい加害妄想におそわれる」

**がくる【ガクる】** ❶足がガクっと曲がる。

傑作選

**【塾男】**《じゅくお》 スケジュールが塾でいっぱいの男性。（みP.71）

「もう一段あると思って、階段でガクった」❷急に体勢が崩れる。❸緊張して足が震える。

**がける【崖る】**（追い込まれて）思い切った行動に出る。「とうとう崖るしかなくなった」

**かこかわ【カコカワ】**「かっこよくてかわいい」の略。「あの子、めっちゃカコカワやなぁ」

**かじょる【過剰る】**「自意識過剰になる」の略。「必要以上に過剰ってるやつは鬱陶しい」関連 美意識過剰

**かたつむる** 身の危険を感じて、自分の殻に閉じこもる。「うちの姉は、すぐにかたつむってしまう」

**がちむち【ガチムチ】**「ガッチリ、ムチムチ」の略。男性の体型を表す語で、筋肉が充実しているさま。「しばらく見ないうちにガチムチになってるじゃん」

**かちる【カチる】** カチンとキレる。「私、いまカチってんだけどー！」❖軽く流して欲しいときに使う。

**カラる** ❶喉が渇く。「運動すると、カラる」❷韓国のアイドルグループ「KARA」の

傑作選

**【受験貴族】**《じゅけんきぞく》 受験生であることを理由に、ああだこうだと命令するなど、わがままにふるまうこと。また、そういう人。（あP.202）

ように踊る。腰を振る。「動きが硬いわよ。もっとカラって」

**かわもろい** 「かわいくて面白い」の略。「あの子、かわもろいから好き」

**きあげ【気上げ】** ❶テンション（気分）を上げるために、友達と楽しいことをすること。「今日、気上げしない？」❷とても運がよく、気分のいい日。「今日、気上げなんだけど」

**ぎゃくふあん【逆不安】** 幸せすぎて、逆に不安になること。

**キャラづかれ【キャラ疲れ】** 本来の自分とは異なるキャラクターを演じ続けるのに疲れること。「今日は映画の撮影があって、もうキャラ疲れだ」

きたはら KYと言われないように、懸命にその場の空気を読んでキャラを演じる。仲間からこぼれないように渾身《こんしん》の努力をする。自然体のキャラではなく作っているキャラだから疲れるのだ。

## きゃわたん

とてもかわいい。すごく愛らしい。「この犬、きゃわたん」関連 きゅんカワ

きたはら 「きゃわいい（かわいい）」の

傑作選

**【純一】**じゅんいち 靴下を履かないこと。また、そういう人。（あ P.161）

「きゃわ」に「たん」を付けたもの。「たん」には特別な意味はない。「きゃわたん」の後にはハートマークを付けて使うことが多い。二〇一一年女子中高生ケータイ流行語大賞第八位に入賞。

**きゅんかわ【きゅんカワ】** きゅんきゅんするほどかわいい。「このうさぎのぬいぐるみ、きゅんカワ〜」関連 きゃわたん

**きょうしん【響心】** 心に響くくらい感動すること。「オバマ大統領のスピーチには世界中が響心した」

**くさかわ【くさカワ】** 「臭いけれどかわいい」の略。「うちの犬って、ホントにくさカワ」❖愛らしさが臭さに勝るときに使う。

**くもぐもしい【雲々しい】** ❶悩みや心配事があり、心がくもっていてすっきりしないさま。❷泣きたいのを我慢しているさま。

**げにゃげにゃ** （心理的に）くすぐったいような、もやもやしたさま。「う〜、何でか分かんないけど、げにゃげにゃする〜」

**げにん【下人】** 右の頬に大きなニキビのある人。❖芥川龍之介の小説『羅生門』から。

**げんとつ【限突】** 「限界突破」の略。「たまに

傑作選

**【正月漫才】**《しょうがつまんざい》 同じことの繰り返し。「彼の言ったことは正月漫才だ」(みP.171)

は限突して勉強しなさい！」

**こうさんびょう【高三病】** 周囲の音に敏感になり、ストレスを感じやすくなる病。主に受験シーズンの高校三年生に見られる。

**こぎれい【古綺麗】** 遠い過去の方が、ちょっとしたことでも輝いて思えること。「昔はよかったなんて、古綺麗に見えるだけだよ」

**ここおれ【ココオレ】**「心が折れる」の略。難題に直面し挫折すること。あきらめること。「またダイエットに失敗してココオレ」関連 芯折《しんせつ》

きたはら カフェオーレ（コーヒーに等量のミルクを入れた飲み物）のもじりで、ココアにミルクを入れたもののことかと思いきや、「オレ」はau lait（with milk）ではなく「折れ」、「ココ」も「ココア」の約ではなく「こころ」の約。これは参った。

**ここひろ【ココ広】**「心が広い」の略。寛大であること。「うちの父親はかなりココ広だ」

**こころわれ【心割れ】** 何らかのショックでまわりが見えなくなり、放心状態に陥る

傑作選

**【勝負服】**《しょうぶふく》 デートや合コンなど、気合いが入ったときに着る、お気に入りの服。「今日の勝負服、かわいいね」（み P.23）

こと。「テストの結果がさんざんで、すっかり心割れしている」

**じそうかん【時早感】**（年をとるにつれて毎日があたりまえのようになって）時間が過ぎるのを早く感じること。

**シック**　あるものが好きすぎて、他のことを考えられない状態。「今、シックで勉強に手がつかない」補注 病気になってしまいそうなほど、アイドルグループ「嵐」を愛することを「アラシック」という。

**じまけ【自負け】**　もう一人の自分に負けること。自分の弱さに負けること。

**シュレきざ【シュレキザ】**「シュレッダーで切り刻んでしまいたい」の略。「あの事件は思い出したくもないシュレキザだ」

きたはら　すごい省略だ。「シュレッダー」を「シュレ」と縮約するのも乱暴だが、「切り刻んでしまいたい」を「きざ」だけに刻むのは無謀だ。「たい」という願望の意味を含ませるのは無理。いっそSKというKY語にした方がいいくらいだ。

**しょうかする【昇華する】**　顔がほてるほどテンションが上がる。「さっき好きな人見て、昇華しちゃった」

傑作選

**【食玩】**しょくがん　お菓子などについてくるおまけ。「あの食玩は、レア物が出にくい」（み P.155）

**しょうとう【消灯】** 気分が下がっていること。状態が最悪なこと。「テストの結果が悪くてすっかり消灯しています」

**しょきびどう【初期微動】** 腹痛の前兆となる小さな痛み。「この初期微動は危険な兆候だ」

**しょぼんぬ【しょぼんヌ】** ❶目が乾いてショボショボしていること。「目がしょぼんヌ」❷気分が落ち込んでションボリしていること。❖メールのやりとりで「(´・ω・`)」など顔文字として表すことが多い。

**じりついっき【自立一揆】** 親に反抗し、親の意見を聞かないこと。反抗期。「彼も自立一揆の時期かぁ」

**しんせつ【芯折】** ❶シャープペンシルや鉛筆の芯が折れてしまうこと。❷嫌なことが起こり、落ち込むこと。「あいつは芯折しているから、そっとしておいてやれ」

関連 ココオレ

**しんゆう【芯勇】** 自分の大切なもののために発揮できる、本当の勇気。

**ずじょうふつふつ【頭上沸々】** 顔を真っ赤にし、頭から湯気が立ちのぼりそうなほど怒ること。また、そのさま。

傑作選

**【女子力】**《じょしりょく》 女性らしさ、女の子らしさを表すバロメーター。「(かわいらしい小物をもっている人に向かって)今日は女子力高めだね」(あP.202)

**スリーディー【３Ｄ】** ❶立体的なもの。❷目が飛び出るほど驚くこと。「このコップの値段を見たら、３Ｄだよ」

**せつぞら【切空】** 今にも雨が降り出しそうな、見ていて切なくなるような空。

**ゼロティブ** ポジティブでもネガティブでもなく、フラットなこと。「冷静に、そしてゼロティブに」

**ぜんぱく【全白】** 頭の中が真っ白になり、何がなんだか分からなくなること。「テストが始まると同時に全白になってしまった……」

**そうじしょうどう【掃除衝動】** ❶（テスト期間中などに）机の上や部屋を片づけたくなる欲求。❷きれい好きな人が、友達の散らかった鞄の中を整理したくなる欲求。

**そのコン** 「そのままコンタクト」の略。前日の晩にコンタクトをはずし忘れ、つけたままであること。関連 目を入れる

**そばる【側る】** 悩んでいたり落ち込んでいる友人に寄り添う。「泣いてる友達には何も言わずに側ってあげよう」関連 つらナミ

傑作選

**【スイーツ】** テレビや雑誌など、マスコミの情報を鵜呑みにしている人。❖洋菓子のことを何でもスイーツと呼びたがることから。（あP.132）

**そらふけ【空耽】**　屋上などで空を見上げながら考えに耽ること。「空耽しながら涙を流す」

**ださかわ【ダサカワ】**
「ダサいけれどかわいい」の略。「あの人、ダサカワや〜」

**たれる【タレる】**　❶体力的に疲れ、気が抜けてなまけてしまう。「今日は忙しかったので、家でタレる」❷嫌なことがあった後に、へこたれる。「学校でも家でも大人に叱られたので、タレている」

**ちいかわ【ちいカワ】**「小さくてかわいらしい」の略。「あの人はちいカワだから、人気がある」

**ちでじ【血出痔】**「血が出る痔」の略。「オレ、今日、血出痔なんだよなぁ」❖「地デジ」のもじり。痔を患《わず》らっていることを隠すために使われる。

**ちまる【チマる】**　❶肌の一部が少しだけはさまったり、ふまれたりする。「メガネケースに指がチマった」❷机やイスのはしっこに主に足の小指をぶつける。「机の足にチマった」

きたはら　「ちまちま」の「ちま」に「る」を

傑作選　**【ズッキーニ】**　写真を撮るときのかけ声。❖「ニ」の発声で笑顔になる。(あP.203)

付けて動詞化したものだろう。「抓《ねっ》る」「(指を)詰める」などに形も意味も似ていてなるほどと思わせる。

**ちらぐろ【チラグロ】** 腹黒い人の裏が一瞬だけ見えてしまうこと。「あの人、チラグロだったわ……」

**つらなみ【つらナミ】** 「つられた涙」の略。辛い状況にある友達などの相談に感情移入しすぎて、つられて涙が出ること。「あいつの身の上話に思わずつらナミしてしまった」関連 側る

きたはら 「つられる」を「つら」と短縮するのも、「なみだ」を「なみ」と短縮するのも常識的には無理。「なみ」だと「波」や「並み」を思ってしまう。その非常識な短縮が若者言葉の常套《じょうとう》。

**つんぷん【ツンプン】** 「ツンツンプンプン」の略。イライラして周囲に八つ当たりをすること。「やばい、お母さんがツンプンしてる」

**できません【できま線】** これ以上はできないと自分の中で引いた線。「彼はすぐにできま線を引く」

**てりやき【照り焼き】** 体育祭や課外授業で

傑作選

**【ズル込み】**《ずるこみ》 「ズルい割り込み」の略。電車やバスに乗車する際、列を無視して乗車口に割り込むこと。「周囲の視線に耐えながらズル込みする」(あP.204)

肌が焼けること。「あの人、いい感じに照り焼きになってるよねぇ」❖普段はイケてない人でも、照り焼きするとイケているように見える。

**きたはら** その通りの言葉で、まったく無理はないのだが、先に別の意味の「照り焼き」（料理法）がある。

**でれる【デレる】** 甘える。デレデレする。「彼氏の前でデレる」

**テンおち【テン落ち】** 「テンション落ちた」の略。「うわ〜、まじでテン落ちだ〜」

**テンションまいご【テンション迷子】** ❶興奮しすぎて、自分のテンションが他人とかみ合わなくなること。❷テンションが高すぎて、些細《ささい》なことでもすぐ笑ってしまうこと。

**てんちょう【天頂】** 最高に気分がいいこと。「まじ、天頂なんだけど！」同テンマ

**テンマ** 「テンションマックス」の略。テンションが最高に高いこと。「あまりにもテンマで、はたから見てるとバカみたいだ」同天頂

**どきもじ【ドキモジ】** 「ドキドキ、モジモジ」の略。好きな異性への告白などで、緊

傑作選 **【座り尽くす《すわりつくす》】** （立ち尽くす以上に）がっかりして脱力する。（あP.204）

張しすぎて言いたいことがうまく伝えられないさま。また、そういう人。

**とける【溶ける】**（思うような結果が得られず）やる気が失せる。「彼は英語の勉強を頑張っていたが、テストを終えて溶けた」

**どしゃなき【どしゃ泣き】** どしゃぶりの雨のように涙を流して泣くこと。「どしゃ泣きしたー」❖「ボロ泣き」よりひどい。同 ラムネ泣き

**どやキャン【ドヤキャン】**「ドヤ顔キャンセル」の略。ドヤ顔をやりたい気持ちを抑えること。「今、ドヤキャンしただろ！」

**きたはら**「どや顔（得意顔）」はテレビの番組名などにもなってすでに一般化している。「どたキャン」のもじりだろうが、気持ちを抑えることをキャンセルというのはいささか飛躍。「どたキャン」のもじりには「どた参」（ドタンバで参加すること）もある。

**どわどわ**「どきどき、そわそわ」の略。気持ちが混乱し、焦っているさま。「締め切りが明日に迫りどわどわする……」

**なえしゅん【萎えしゅん】**「萎え萎えしゅんしゅん」の略。意中の相手が幸せそうなのをうらやましく思い、嫉妬するさま。

傑作選

**【青春部《せいしゅんぶ》】** 部活をしていない人たちが集まって、世間話をしたり遊んだりして活動すること。(みP.72)

**なけうた【泣け歌】**（聴くと思わず涙がこぼれてしまうような）心にぐっとくる歌。

# なつぼて【夏ボテ】

夏休みに入って一日中、家でゴロゴロしていて太ってしまうこと。「一〇キロも夏ボテしちゃった」

**ななめむきしこう【斜め向き思考】** 前向きでも後ろ向きでもない、落ちついた思考。「君って斜め向き思考な人だよね」

**にくちら【肉チラ】** 体を鍛えている人が、偶然を装って筋肉を見せつけること。「最近ジムに通い始めた彼は、よく肉チラしてくる」

**にこがく** 「ニコニコしつつもがっくり」の略。頑張って笑顔を見せてはいるが、内心はがっくりきていること。

# にじもよう【虹模様】

❶雨が降った後、虹が出ていること。また は、虹が出そうな天気のこと。「明日は虹模様になるでしょう」❷不安などで沈んだ状態から解放され、明るくなること。「テストが終わった私の心は、虹模様だ」

**きたはら** 「雨模様」「雪模様」は今にも雨

傑作選

**【赤る】**せきる 赤外線通信を使って、携帯電話の番号やメールアドレスを交換する。「ほら、みんなに気づかれないうちに赤ろうよ」（あP.16）

や雪が降り出しそうな空の様子。それのもじりだが美しい語だ。②の意味もよく分かる。

**にねんびょう【二年病】** 二年目に気が緩んでしまうこと。慣れてきて仕事などがおろそかになってしまうこと。「仕事が二年目になり、二年病になってきている」

**にまにま** 赤ちゃんや小動物など、小さくてかわいらしいものを見たときの表情。「ねぇ、今すんごいにまにましてるよ」

**きたはら** オノマトペは簡単に作ることができる。「ちまちま」「にこにこ」などでは言い表せない状態を表したかったのだろう。

**ねこく【寝刻】**「寝坊して遅刻」の略。寝坊してしまい、予定の時間に間に合わないこと。「先生のくせに寝刻ですか？」

**ねじね【ねじ寝】** 体をねじりながら寝ること。「今日もあの猫はねじ寝している」

**ねむるい【眠涙】** 眠くてあくびをしたときに出る涙。「あ〜、別に悲しくないよ。ただの眠涙だから」

**はいきん【配筋】** 荷物の配達などをしているうちについた筋肉。「君の配筋は持久力

---

傑作選

**【絶対領域】**《ぜったいりょういき》 スカートと靴下の間の、ちょっと見える肌の部分。「あのメイドさんの絶対領域に萌えー」 ❖ちょっとでないと絶対領域ではない。(みP.100)

があるね」

**はごころ【葉心】** 心が揺れて定まらないこと。

きたはら 葉のような（揺れる）心ということ。美しい言葉だ。

**はじころ【恥転】** 思いもよらないところで転んで、恥ずかしい思いをすること。「さっき道に氷が張ってて、そこで恥転したよ」

**はなスキ【鼻スキ】**「鼻歌でスキップ」の略。（鼻歌とスキップが同時に出るくらい）最高に気分がいい状態。

**はむかつ** 「はー、むかつく」の略。「あの先輩、まじではむかつなんだけど！」

**はんむかし【半昔】** 昔とも最近とも感じられない過去。「あれはたしか半昔前の出来事だね」

きたはら 「一昔《ひとむかし》」という言葉があるが、その半分ということではなく、「半」は中途までであること、なかば、の意。ラテン語、フランス語の文法に「半過去」という術語があるが、それとはまったく違う。

**びいしきかじょう【美意識過剰】** ❶美しいものやきれいなものを自分のライフス

傑作選

**【全クリ】**ぜんクリ　全部制覇（クリア）すること。「ゲーム全クリした？」（ⓜP.25）

タイルにやたらと取り入れたくなる気持ち。❷自分がこの世の誰よりも美しいと思う気持ち。関連 過剰《かじょ》る

**ぴきる【ピキる】** 身動きが取れなくなるほど緊張する。「見るからにピキっている」❖マンガなどで、その場の空気が凍りつくことを表すために用いられる「ピキーン」という擬音語から。

**ひちょうてん【飛跳天】** 有頂天の上を行くほどうれしいこと。「念願の学校に受かってすっかり飛跳天だ」

**ひやる【ヒヤる】** 冷や汗をかく。ひやひやする。「宿題が間に合いそうになく、ヒヤった」

**ぶさかわ【ぶさカワ】**「ぶさいくだけれどかわいい」の略。「ぶさカワの動物を家で飼う」❖主にブルドックやパグなど。関連 ぶさイケ

**プリかわ【プリカワ】**「プリティでかわいい」の略。「あの小学生、プリカワ」❖かわいらしい服を着ている子どもを見たときに使う。

傑作選

**【外こもり】**《そとこもり》 日本国内で働いて稼いだお金をもって物価の安い国へ行き、そこに長期滞在すること。海外へのひきこもり。(あP.205)

**ふりこね【振り子寝】**（電車内などで）隣の席の人に寄りかかりそうになり、慌てて元に戻るものの、また寄りかかってしまうような眠り方。

**フルぺこ【フルペコ】** これ以上ないほどの空腹。「フルペコでもうやる気が出ません」

**ふわかわ【ふわカワ】**「ふわふわしていてかわいい」の略。「ねぇ、このぬいぐるみ、ふわカワだよね」

**ふんねつ【奮熱】** イベントなどで興奮しすぎて発熱すること。「昨日のコンサートで奮熱しちゃった」

**ぺたる【ペタる】** ❶足跡をつける。❷貼りつける。❸ペタペタと音を立てて歩く。

**ぼうだんガラスのハート【防弾ガラスのハート】** 見た目はガラスのように繊細だが、実は芯が強い人。「意外にも防弾ガラスのハートの持ち主だ」反ガラスのハート

**きたはら** 「ガラス」はもろく、こわれやすいもののたとえ。「ガラスのハート」とよく言う。しかし「防弾ガラス」は割れなくて強い。言い得て妙。

傑作選 **【他給他足】**たきゅうたそく　（自分一人では何も完結させられず）他人に頼ってばかりいること。また、そういう人。（あP.206）

**ぼこる【ボコる】** ニキビの痕が残る。「ちゃんとお手入れしないとボコるよ」

**ぽちゃつく** 肉づきがよくなり、ぽっちゃりする。「年々ぽちゃぽちゃついてくる」

**ぽちょむきん【ポチョムキン】** ぽっちゃりしているように見えて、実は筋肉があること。また、そういう人。「ポチョムキンってかっこいいよね！」補注 セルゲイ・エイゼンシュテイン監督によるロシア映画『戦艦ポチョムキン』（一九二五年）のほか、格闘ゲームシリーズ「ギルティギア」（発売元：アークシステムワークス）に登場する同名のキャラクターが有名。

**ぼっち** 「独りぼっち」の略。「あいつ彼女と別れて、ぼっちなんだって」関連 みんなぼっち

**ほほぞまり【頬染まり】** 頬が赤く染まること。「好きな人を見て頬染まりになった」

# ほろなき【ほろ泣き】

感動し、心が満たされたときに涙をこぼすこと。「昨日のドラマで思わずほろ泣きしちゃった」❖悲しいときやくやしいときなど、マイナスの感情による涙には使わない。

**マイカテ** 「マイカテゴリー」の略。その人

傑作選 **【宅飲み】**《たくのみ》 自宅でお酒を飲むこと。「昨日一人で宅飲みしたよ」（㋯P.26）

の得意とする領域や範疇《はんちゅう》。「あいつのマイカテはめっちゃ広い」

**まけほこる【負け誇る】** 圧倒的に強い相手と対戦し、ポイントを取れずに負けたのに、対戦したことを誇らしく思う。

**マフィントップ**　ズボンやパンツの上にのるおなかの肉。「マフィントップがあるから、チビTが着られない！」［補注］英語圏で実際に用いられている俗語。ウエストラインにはみだす贅肉《ぜいにく》をマフィン（パンまたは焼き菓子の一種）の上部に見立てていう。

---

# みんなぼっち

友人同士でかたまっていても、ほんとうはみんな独りぼっちであるということ。［関連］ぼっち

［きたはら］独りだから「ぼっち」。なぜ「みんなぼっち」なのかと思うが、「独りぼっち」が集まったみんなのこと。みんなが独りぼっちのみんなということ。みんなと一緒にいるが、コミュニケーションは希薄でそれぞれ独りぼっちという若者が多く、社会問題化している。劇団名もあり、富田英典ほか編『みんなぼっちの世界』（一九九九年、恒星社厚生閣）という本もある。

---

傑作選

**【ダラ見】**《だらみ》　（テレビやマンガなどを）ダラダラ見ること。
「またテレビをダラ見してしまった……」(ⓐP.208)

**むちゅうっぱら【夢中っ腹】** 自分の好きなことに熱中して、空腹を忘れること。「夢中っ腹で、もう三日も飯を食っていない」

きたはら 「向かっ腹」のもじり。「すきっ腹」は空腹の理由が分からないが、「夢中っ腹」は夢中で空腹なのだ。「寝食を忘れて」という言葉もあるから、熱中すると空腹であることを忘れる。

**めっかわ【めっカワ】** 「めっちゃかわいい」の略。「めちカワ」とも。「このモデル、めっカワ」反 めっキモ(=とても気持ち悪い)

**めらる【メラる】** ❶非常に興奮して感情が高ぶる。「元プロテニスプレーヤーの彼はいつでもメラっている」❷やる気に満ちあふれる。物事に打ち込む。「今年の体育祭は柄にもなくメラった」❖「メラ」は、炎を上げて燃え上がるさまを表す「めらめら」から。

**めをいれる【目を入れる】** コンタクトレンズを装着する。関連 そのコン

**めんだる【メンダル】** 「面倒くさくてダルい」の略。物事に対してやる気が出ないこと。「読書感想文はかなりメンダルだ」関連 やるうせ

**もうどう【妄動】** 激しい運動をした後に、

傑作選

**【タンパニスト】**《たんパニスト》 春夏秋冬関係なしで毎日短パンを穿いている人。「あいつタンパニストだなぁ」(みP.75)

足などがあたかも動いているように感じること。「足が妄動して妙な感じがする」

**もえたい【萌怠】**「萌えた後の倦怠《けんたい》感」の略。テンションが上がった後にどっとくる疲れ。

**もえつきる【萌え尽きる】**興奮しすぎて、勢いを失う。

**もきもき【モキモキ】**ムキムキではないが、それなりに筋肉があり、体格がいいさま。「あいつ、モキモキじゃね？」

きたはら　「ムキムキ」と「モリモリ」を合わせてがらがらポンとやるとこの語が出る。

**もきゅん**（かわいいものを見て）心がときめくさま。

**もくぎれ【黙ギレ】**黙って独りで怒ること。「あの先輩には黙ギレしている」❖立場上逆らうことができないときに使う。

## もふる【モフる】

❶ふわふわ、もこもこした手触りのよいものを撫でる。「このぬいぐるみ、モフりたい～」❷もこもこした犬や猫などをかわいがる。「ペットのウサギをモフる」

傑作選

**【チキる】** ❶鳥肌が立つ。「すばらしい演奏に思わずチキった」❷臆病な行動をとる。「土壇場でチキりやがって、腰抜けが！」(あP.53)

**やさかわ【やさカワ】**「優しくてかわいらしい」の略。❖主にほめ言葉として用いる。

**やるうせ**「やる気がうせる」の略。「宿題が多くて、やるうせだわ」関連メンダル

**よあがり【夜上がり】**夜中になると急にテンションが上がること。また、そういう人。「修学旅行では夜上がりがあちこちで見られる」

**ラムネなき【ラムネ泣き】**ラムネの栓を空けたときに中身があふれ出るように、涙を流して泣くこと。大泣き。同どしゃ泣き

**リアスしきはならび【リアス式歯ならび】**歯ならびが悪いこと。「リアス式歯ならびコンプレックスなんだよねー」❖「リアス式海岸」になぞらえた語。

**りんげつ【臨月】**食べすぎてお腹がはち切れそうなくらいパンパンなさま。「昨日イタリアンのバイキングに行ったら、臨月になった」

**ルネサンス**処理したムダ毛がまた生えてくること。

補注 ルネサンスは、一四世紀から一六世紀にかけてイタリアを中心に全ヨーロッパに広がった学問・芸術・文化上の革新

傑作選 **【ちくわ】** 話を全然聞いていないさま。うわの空。(あP.163)

運動。古代ギリシアやローマを範とし、人間性の肯定と個性の重視などを主張した。慣例的に「文芸復興」と訳されるが、直訳すると「再生」である。

**わせ**　「わきの下の汗」の略。❖主に女子高生が使う。

**わらかわ【笑カワ】**「笑えて、なおかつかわいい」の略。「あの子、笑カワだね」

傑作選

**【着拒《ちゃっきょ》】**　「着信拒否」の略。「あの人、どう考えても着拒だわ」(㊊P.101)

**おとこしわけ【男仕分け】** 男子を見て、恋愛対象としてありかなしか決めること。「三組で男仕分けしてみたら、ありは一九人だね」❖服装や髪型が決め手となる。

**おばお【オバ男】** オバさんパーマをかけている男性。「あのオバ男って、どこの美容院に行ってるんだろ?」❖自分では似合っていると思っている場合が多い。

## おもいかぜ【想い風】

(叶う可能性は少ないが)その想いが自分の大切な人に届いて欲しいと願う気持ち。

きたはら　とても優雅な言葉だ。「大切な人に届いて欲しい」というのもいい。「片思い」という言葉もあるし、もっと古くは「片恋」という言葉もあった。しかし、これらの言葉には風に乗って届いて欲しいという意味はない。「風の便り」はこちらに吹いてくる風だが、「想い風」はこちらから大切な人の方へ吹いていく風。

**おやゆびひめ【親指姫】** メールひとつで男の子を落とす女の子。

**おりガール【檻ガール】** 動物園の檻の中の動物のように騒ぎまわる、うるさい女の子。「球技大会の檻ガールの応援すごいな

傑作選　**【チャリ筋】**《ちゃりきん》　自転車通学・通勤でついた足の筋肉。(あ P.209)

ぁ」❖森ガールのようにかわいいものではない。

**おんだんかけいほう【温暖化警報】**（恋愛が燃え上がることから）恋の兆候が現れてくること。「実は最近、温暖化警報が出ています」❖この警報が出ている間は何も手につかなくなる。

**かくじょし【核女子】** クラスや団体の中でリーダーシップを発揮する女性。中心人物。

**カメレおんな【カメレ女】** ❶相手によって態度を変える女の子。❷私服の色が毎日変わるおしゃれな女の子。

# かわメン【カワメン】

「かわいいメンズ」の略。かわいい系の男の子。「私はイケメンよりカワメン派だ」

**キャラくい【キャラ食い】** 性格や個性など内面を重視して異性を判断する人。反面食い（＝顔の美しい人ばかりを好むこと）

**ぎょしょくけいだんし【魚食系男子】** 肉食系でも草食系でもない、中間的な男子。

**きたはら** 「草食系」と「肉食系」の中間は当然あるはず。「草食系」はまだ草を食う動物だが、口も手も出さない（出せない）「植物系男子」「芝生男子」というのも

傑作選

**【ツボ】**つぼ 個人特有の好みやお気に入りのポイント。「あの女の子、すごいツボなんだけど」（みP.31）

ある。「草食系」と同音の語に「僧職系」「装飾系」というのもある。それにしても「〜系男子」は多い。

**ぎりこい【ギリ恋】** 友達以上、恋人未満のギリギリの線上にある関係。「ギリ恋の揺れる思い」

**きりんけいだんし【キリン系男子】** キリンのように高いところから見下ろし、物事の全体をしっかりと見渡せるので、相談役としてのイメージが強く、異性からは友達としてしか見られない男子。❖草食なので積極的にアタックできない。

**きんかた【近片】** 「近所で片思い」の略。幼なじみなど、ずっと近くにいる相手に思いを寄せながらも、告白できずにずっと片思いでいること。「もう二〇年も近片だよ……」

**グルメン【グル男】** グルメな男性。

**けいしょくけいだんし【軽食系男子】** 性格が軽いノリの男子。「〇〇って軽食系男子だよね〜」❖「チャラい」よりも丁寧な言い方。

**げたこ【下駄子】** どこに行くにもビーチサンダルを履いている女の子。

傑作選

**【ツヤぷる】**《つやぷる》 (特に女性の) 唇がみずみずしく潤っているさま。「あのツヤぷるとした唇に今すぐ吸いつきたい」(㊪P.86)

**けんれん【見恋】** 思いを届けられずに、ただ見つめるだけの恋。

## こいあじ【恋味】

甘かったり、酸っぱかったり、苦かったり、恋をしたときに感じる特有の味。「私の初恋は、恋味が相当酸っぱかった」

**こいおんち【恋音痴】** ❶告白する（される）チャンスを九九％逃す人。❷鈍感で、告白されて一ヶ月以上経ってから告白されたことに気づく人。「あなたは、告白されたことに気づかない恋音痴だね」

**こいきゅうびん【恋急便】** 友達から友達へと恋バナ（恋愛の話）が伝わっていくこと。

**こいすがる【恋すがる】** （無意識のうちに）物理的または心理的に、好きな人の近くにいようとする。❖純愛からドロドロの恋愛まで幅広く使う。

## こいぞめ【恋染】

好きな人の色に染まってしまうこと。「日に日に彼に恋染です」❖片思いしているときによく使われる。

**こいぞら【恋虚】** 本当は恋人がいないのに、見栄を張って恋人がいると言い張ること。

---

傑作選

**【釣る】**《つる》 （インターネット上などで）わざと嘘の情報を流し、不特定多数の人を集める。（あP.164）

また、そういう人。関連 脳彼、バチャ彼

**こいだち【恋立ち】** 彼氏ができること。「あの子もついに恋立ちしたんだって」

きたはら 「旅立ち」などに類推して作った語か。次項の「恋卵」もかわいい。この項の前後「恋～」が並んだがずいぶん多い。

**こいたま【恋卵】** 始まったばかりの恋。また、恋を探している最中のこと。

**こいづめ【恋詰め】** 好きな人に対して積極的に思いを伝えられず、自分の中にその思いをしまい込んでしまうこと。

**こいてんびん【恋天秤】** 好きな人をあきらめようかどうか、心が揺れているさま。「姉は恋天秤でため息ばかりついている」

**こいなみ【恋波】** ❶急にモテはじめること。「恋波きてるよねー」❷次から次へと恋すること。「最近、恋波しすぎじゃね？」

**こいのぼり【恋上り】** 恋に夢中になってテンションが上がってしまうこと。

**こいふち【恋淵】** 好きな人とともに深い恋

傑作選 **【出来レース】**《できレース》 あらかじめ勝敗の決められた、形だけの勝負。「出来レースと分かっていても、今日の試合はおもしろかったよ」(㋯P.157)

に沈むこと。「ついに彼らは恋淵した」

**こいボラ【恋ボラ】** ❶ボランティア同士で恋におちること。❷ボランティア先の現地で恋人ができること。「今の彼、出会いは恋ボラなんだよね」

**こいようび【恋曜日】** 一週間のうちで、好きな人に会える曜日。「明日は週に一度の恋曜日だ」

**こいわたし【恋渡し】** 他人の告白を仲介すること。また、そういう人。「彼女はいないけど、恋渡しなら任せとけ！」

**こうがんむち【好顔無知】** とてもハンサムだが、残念ながら知識がないこと。また、そういう男性。「彼は極端に好顔無知なのでまったくモテない」

**こうぎょうこうこう【工業高校】** 男子の割合が高い合コン。「今回は工業高校だから激戦必至です」

**こうれいてん【紅零点】** 男子ばかりで女子が一人もいない状況。反 紅一点 関連 ほくろ

**こくばん【告番】** 好きな人に告白する順番。「みんなで告番決めようよ」❖告番が発生するような男子はそうそういない。

傑作選

**【テクる】** すばらしいテクニックを披露する。「今のフェイントはかなりテクってた」（み P.32）

**こくる【酷る】**絶対にフラれると分かっているような厳しい状況で告白する。「酷ったけどやっぱりフラれちゃったよ……」

**ここどろ【心泥】**「心泥棒」の略。相手に心を奪われること。「あの子にすっかり心泥された」

## こんかつ【婚活】

❶「結婚活動」の略。二五歳過ぎの主に女性が、友人が次々と結婚することに焦り、「三〇歳までには……」をスローガンに行う活動。❷母親が「孫の顔を見たい」という身勝手な理由から娘に贈る、贈られたくない言葉。「アンタもいい歳なんだから、婚活しなさいよ」

**きたはら** この語はすでにかなり一般化しており、『明鏡国語辞典　第二版』にも載っている。しかし、解説に心情がこもっている。こういう解説は辞書には載らない。よく書けている。

**ざいたくけいだんし【在宅系男子】**「ニート」をオブラートで包んだ言いまわし。「俺、在宅系男子だから、あんまり外には出ないんだよ」❖差別的なニュアンスを含まないので用いられることが多い。

**ざつあい【雑愛】**そんなに好きでもない相手と付き合っていること。「今のカレはほ

傑作選 **【デジタル酔い】**《デジタルよい》 電子機器に不慣れな人や苦手な人が、パソコンや携帯電話に触れたときに起こす拒否反応。（み P.102）

んとは雑愛なの」

**サバこい【サバ恋】**「サバイバルな恋」の略。ライバルが多くスムーズに進まない恋。「サバ恋で勝った試しがない」

# サラダセット

草食系男子と草食系女子のカップル。お互いに恋愛に消極的なカップル。「いやぁ、あのサラダセットが付き合うまではヤキモキしたね」

**されん【差恋】** 年の離れた男女の恋。「差恋は話題を合わせるのが大変だ」

# さんケー【3K】

「こだわる」「枯れてる」「個性的」をまとめた語。「彼氏にするなら3Kだよね」❖一昔前の「高学歴」「高身長」「高収入」ではない。

**しかお【敷か男】** 妻の尻に敷かれている男性。「婿《むこ》入りしたから完全に敷か男です」

**じかんわりけいだんし【時間割系男子】** きっちりスケジュールを立てて行動しようとする男性。

**ししょくけい【試食系】** 一回だけ付き合っては次々と付き合う相手を変える人。「あ

傑作選

**【トーキングプア】** 話題の乏しい人。話はするものの、つまらなく、共感できない人。(ⓐP.134)

の女は試食系だから、付き合うのはやめた方がいいよ」

**しずこい【静恋】** 恋人同士が、ほとんど話もせずに、ずっと一緒にいること。❖隣にいるだけで幸せに感じられる。

**しつこい【しつ恋】** 三年以上引っ張る片思い。「卒業しても、ずっとしつ恋だよ」

**しばふだんし【芝生男子】** 数年間恋愛から遠ざかり、恋愛での対応をどうしていいか分からない男子。恋愛にそれほど積極的でない草食（系）男子を越えた男子。「今年のうちに、芝生男子を克服しよう！」

**じばる【磁場る】** 異性を引きつけ、逆に同性をまったく寄せつけないようなオーラを発する。

**シミュれん【シミュ恋】** （好きな人のことを考えながら）告白の仕方やデートの内容などをシミュレーションすること。「シミュ恋のうちは楽しいことだらけだ」

**しもじょ【下女】** 下ネタを好み、よく話題にする女性。

**しゃりお【しゃり男】** やる気がありすぎて、無駄にでしゃばる男性。

傑作選

**【土手る】**《どてる》 土手で青春を満喫する。「夕陽を背にして思いっきり土手ろう」 ❖青春ドラマの舞台に土手が欠かせないことから。（あP.55）

**しゅうこい【終恋】** 人生最後の恋。「私にとってはこれが終恋だったのに……」

**じゅんあい【循愛】** 一度別れて他の人と恋をしても、最後には最初に愛した人の元に戻ってくること。「今、彼は彼女に夢中だ。しかし、彼はあの娘に循愛するだろう」関連 再恋《ふたこい》

## じょしかい【女子会】

女子だけで集まって、飲食をしたり、会話をすること。❖ショッピングや映画鑑賞をすることもある。反 男欒《だんらん》

きたはら　もともとは居酒屋チェーン「笑笑」の女性専用のプランメニュー「わらわら女子会」からという。二〇一〇年の新語・流行語大賞を受賞。男性がいると話しにくいことも話せ、ストレス発散もできるということがあり、実態とともに広がり言葉も定着した。

**じょしップ【女子ップ】** 「女子から男子へのスキンシップ」の略。「あの子の女子ップは積極的だ」

**しらきゅん【しらキュン】** 「しらけてるけどキュンときている」の略。「興味ないふりして、本当はしらキュンなんじゃないの？」

傑作選　**【どや顔《どやがお》】** 何かをやり遂げた後の、満足感に満ちた表情。(あP.212)

**じんこうぼけ【人工ボケ】** 天然っぽく振る舞い、わざとボケてかわいらしさをアピールすること。「あの人、絶対人工ボケ！」

関連 お造り、養殖天然

**シンデレラタイム** 帰らなければならない時間。門限。「ごめん、もうシンデレラタイムだから！」

**スイッチガール** ❶家の外では容姿端麗《ようしたんれい》でみんなが憧れる存在だが、家の中や近所ではスイッチが切れたかのように、外見・内面ともに真逆になってしまう女の子。❷男子の前と女子の前でキャラが変わる女の子。補注 あいだ夏波《みなつ》原作の少女マンガ『スイッチガール!!』（集英社）から。

# すきさけ【好き避け】

好きだからこそ、逆に避けてしまうこと。「アタックしたいけど、好き避けしちゃう」

きたはら 恋心は微妙。好きだというところを見せるのが嫌で避けてしまう。特に人前などでは、嫌で関わり合いをもちたくなくて避けるのは「嫌い避け」。嫌いではないが、友人の恋人だったりして避けなければならないのは「ゴメン避け」。

傑作選 **【とりま】**「とりあえず、まあ」の略。「とりま、今から何する？」(㋯P.34)

**ずきる【ズキる】** 異性の行動や言動にドキッとする。「今、あの子の行動にズキった」

**ストメン** ストイックな男性。完璧主義者で、自分が納得のいくまで物事をとことん追求する男性。「何度も何度もやり直すなんて、彼はストメンだ」関連 ストジョ（＝ストイックな女性）

**するめ【スル女】** 見た目はイマイチだが、付き合っているうちにいい味が出てくる女の子。

きたはら いい味が出てくると言っても、どんな味なのか。若い恋人の味がスルメの味か。褒め言葉なら「あたり女」の方がベターか。

**せいけんこうたい【性権交代】** 社会や家庭の中で男性と女性の立場が入れ替わること。「最近、妻が僕に家事を押しつけてくる……性権交代か」関連 政権交代

**せがたり【背語り】** ❶男性が自分の後ろ姿で、相手に心情を悟らせること。❷かっこつけること。見栄《みえ》を張ること。
❖女性は使えない。

**せきがはら【関ヶ原】** 一〇人以上が参加する合コン。「さーて、今日は関ヶ原だぞー」

傑作選

【ドロン】《どろん》 その場からいなくなること。「そろそろドロンさせていただきます」（みP.158）

**せつこい【雪恋】** 雪降る中で始まった恋。「スキー場ではあちこちで雪恋が生まれる」

**せみこい【蟬恋】** 夏の間だけで終わってしまう恋。「今年もまた蟬恋が終わった」

**せんこいはなび【線恋花火】** すごく好きだった人にフラれるなど、線香花火のように切ない恋。

**そうきんびなん【痩筋美男】** ❶細身ながら筋肉のついている男性。❷最近流行の「細マッチョ」な男性。反 剛筋美男（＝ゴリマッチョ）

**そうしょくけいだんし【僧職系男子】** お経を読むことができる男子。

**そうしょくけいだんし【装飾系男子】** ❶ファッションにこだわる男子。❷女子のように化粧をしたり、アクセサリーを身につけるなどして、自らを装飾している男子。「ぶさいくな装飾系男子はまじで勘弁」

**そうそう【窓想】** 窓の外を眺めながら、好きな人に想いを馳《は》せること。「窓想ばかりでは物足りなくなってきた」

**そうメン【爽男】** 優しく爽《さわ》やかな男性。

傑作選

**【ドン引き】**どんびき　その場にいる人が幻滅したり、その場の雰囲気が白けたりすること。また、その後の気まずい状態。「彼のギャグに、私たち全員がドン引きしてしまった」(みP.34)

**たかみ【タカ美】** 高飛車な性格の女性。「オレ、タカ美は苦手なんだよなぁ」

**たくメン【宅メン】** 家事をするのが好きな男性。「見た目は男らしいのに、実は宅メンです」

**だしる【ダシる】** 友人などを利用して、気になる異性に近づく。

**たねこい【種恋】** 気持ちを相手に伝えることができずに、心のうちに秘めている恋。❖まだ恋の花が咲いていないことから。

**たれん【多恋】** 交際相手を一人にしぼれず、恋多きこと。「多恋なタレント」

**だんけつ【男結】** 男と男の団結。❖熱い力があり、裏切りはありえない。

# だんらん【男欒】

男が一堂に集まって和やかに楽しく過ごすこと。「明日、男欒しよう」❖男だけで集まることに、むなしさを感じさせないための表現。反女子会

**チェリる** カップル同士でラブラブする。さくらんぼ（チェリー）のように二人で並んでいちゃいちゃする。「あのカップル、いつもチェリってるよね」

傑作選

**【ナウい】** 「それは一昔前では……」と思わせるさま。❖もとは「いかにも現代的であるさま」という意味だったが、今では「ナウい」という語そのものが古くなった。（みP.35）

男と女

**ちゅうれん【中恋】**「中距離恋愛」の略。文通をするほど遠く離れているわけでもなく、毎日会える距離でもない人同士の恋愛。「彼とは中恋で三年間続いている」
関連 彦姫

**ちらがん【チラガン】**「チラ見を装ったガン見」の略。意中の相手などを、ちらちら見ている程度にみせかけて、実はすごく見ていること。

**てれみ【照れ見】** 照れた顔で相手を見ること。また、恥ずかしがりながら見ること。「好きな先輩を照れ見する」

**とこぼれる【トコ惚れる】**「とことん惚れる」の略。「こんなにトコ惚れたのは初めてだ」

**どじょうだんし【泥鰌男子】** 地道に頑張る男子。「あの人は泥鰌男子だ」

**としょガール【図書ガール】** 図書館や読書が好きな女性。「私って、いつのまにか図書ガールになってるわ」関連 図書メン

# としょこい【図書恋】

図書室での出会いから始まる恋。「ダンナとは図書恋なの」

傑作選
**【中の人】**なかのひと　アニメやゲームで、ある役柄を担当する声優。「あの教師役の中の人ってだれだっけ？」(み P.104)

きたはら　図書館はクラスや教室を越えた出会いの場。「図書ガール」「図書メン」などの言葉もあり、本を探したり読んだりしているばかりではないようだ。

**としょメン【図書メン】**　図書室や教室などで本を読んでいる顔立ちのよい男性。関連 図書ガール

**ドラこい【ドラ恋】**　「ドラマのような恋」の略。「死ぬまでに一度はドラ恋してみたい」

**とりつき**　「とりあえず付き合う」の略。どうしても彼氏・彼女が欲しいときに、好きでもない相手と付き合うこと。「もうすぐクリスマスだし、とりつきするかー」

きたはら　「とりあえず」を「とり」と短縮するのは以前からあった。「とりビー」は「とりあえずビール」の縮約で、日本の飲酒文化に根ざすし、「とりま」は「とりあえず、まあ」の略で、もともとはギャル言葉。ちなみに「とりせつ」は「取扱い説明書」の略。

**どろこい【泥恋】**　泥々としていて、気持ち悪い恋愛。

**なつこい【夏恋】**　夏限定の恋。夏祭りや花火大会などのイベントで盛り上がるが、夏の終わりと同時に終わってしまう恋。

傑作選　**【夏晦日】**なつみそか　夏休み最後の日。「夏晦日だというのに課題が全然手つかずだ」（あP.213）

**なみがくる【波がくる】**（ある集団内で）立て続けにカップルができる。「うちのクラス、完全に波がきてる。取り残されそうだ……」関連 盛恋

**なみこい【波恋】** ときにスムーズに、ときに激しくぶつかりあう、波のような恋。「波恋だからこそ面白い」

**にどこく【二度告】** フラれた相手にもう一度告白すること。二度目の告白。

**のうかれ【脳彼】** 自分の頭の中だけで勝手に設定している彼氏。「脳彼だけはふんだんにいるわ」同 バチャ彼 関連 恋虚《こいぞら》

**のうじょ【農女】**「農業をする女性」の略。「私、今日から農女なんだ」同 農のギャル

**ノキお【ノキ男】** よく嘘をつく男性。❖童話「ピノキオ」から。

**のギャル【農ギャル】** 農業をする女の子。「各地で農ギャルが増えているらしい」同 農女

**はえじょう【ハエ嬢】** ハエの羽音のように耳障りでうるさい女の子。

**ばきゅん** 好きな人の心を奪うこと。「私があの人をばきゅんする（＝私があの人の

傑作選

**【ネット弁慶】**ネットべんけい　インターネット上では強い態度をとっているが、現実世界では控えめであること。（ⓜP.105）

心を奪ってみせる)」

**はくおと【白乙】** 白馬の王子さまが現れることを夢見る女の子。「このクラスには白乙がたくさんいる」反リア乙

**はこねる【箱根る】** 男女がおしのびで旅行する。❖特に、おおっぴらには認められない関係の二人に対して使う。関連ハト恋

**はしころじょし【はしころ女子】** 箸《はし》が転がっただけでもおかしく感じる時期の女子。「私たち、今、はしころ女子ですから」

きたはら　「箸が転んでも笑う」。こんな言葉が今の若者にも生きているのか。『明鏡国語辞典　第二版』には「十代後半の女性をいう」とある。

**ぱちこい【ぱち恋】** 友人の恋人を自分の恋人にすること。「ぱち恋しちゃった」❖「盗む」「奪う」という意味の「パチる」から。

**バチャかれ【バチャ彼】** 「バーチャル彼氏」の略。妄想《もうそう》の中の彼氏。「バチャ彼とどんな感じ?」同脳彼 関連恋虚《こいぞら》

**はつおもい【初思い】** 初恋の相手を思う気持ち。

**はつきゅん【初キュン】** 胸がキュンとなる

傑作選

**【寝逃げ】**《ねにげ》 嫌なこと、心配事を棚にあげて寝てしまうこと。「課題がまったくの手つかずなので、とりあえず寝逃げしよう」(あP.214)

ような初めての恋。

**はとこい【ハト恋】**「御法度《ごはっと》な恋」の略。（彼氏や彼女がいる人を好きになってしまうなどの）禁断の恋。「ハト恋やねんけど、どーしたらいい？」関連 箱根る

**きたはら** 「はとこい」と言ったら、まずは「鳩恋」あたりを考えるだろう。ゴハットをハトと略すのは想像の域を越えている。その飛躍が面白い。

**はるこい【春恋】**新しい季節とともに訪れる出会い、もしくは別れ。また、春特有の切ない気持ち。「今年は春恋に散ったよ」

**はるまち【春待ち】**次の恋を待つこと。

**はんかれ・はんかの【半彼】**友達以上、恋人未満の関係。また、その恋人。

**ビーなん【ビーナン】**「ビーチでナンパ」の略。「今年の夏はビーナンされるよう女を磨くわ！」❖女性が男性をナンパする場合は「逆ビーナン」。

**ひからびる【干からびる】**女としての意識がどんどん薄れていく。

**びこい【微恋】**まだ好きまではいっていないが、ちょっと気になっている状態。「やば

傑作選

**【寝ピク】**ねピク　寝ているときにピクついてしまうこと。「さっき寝ピクしちゃった」(みP.79)

っ、これって微恋かも……」

**ひこひめ【彦姫】**（年に一度だけ天の川を渡って会うという）織姫《おりひめ》と彦星《ひこぼし》のような恋愛。遠距離恋愛。「もういい加減、彦姫には疲れたの」関連 中恋《ちゅうれん》

**ひつうち【非通知】** 名前も知らない人に一目惚れし、アタックすること。「むやみに非通知するとキモがられる」❖相手も自分の名前を知らない場合に限る。

**ひとみみぼれ【一耳惚れ】** ラジオやアニメなどで、声を一度聞いただけで心惹《ひ》かれること。「あの声優さんに一耳惚れするヤツが続出している」

きたはら 「一目惚れ」があるのだから、「一耳惚れ」があってもいい。しかし「一目で」「一目見て」などとは言うが、「一耳で」「一耳聞いて」などのような言い方はない。新語だが、かなり広く使われている。

**びみお【微美男】** 一見美男子に見えるが、よく見るとそうでもない男性。

**ひめごころ【姫心】** 心のうちに秘めたままの、好きな人に対する思い。❖女子限定。

**ひめごと【姫言】** 彼女への愛のささやき。

傑作選 **【脳内ミュージック】**《のうないミュージック》 （ふとしたきっかけから）頭の中でずっと同じ音楽が流れ続けること。また、その曲。（あ P.214）

男と女

**ぶさいけ【ぶさイケ】** 不細工なのにイケてる女性を連れている男性。「ぶさイケだろうが何だろうがモテる方がいい」❖見た目はイケてないが、高い経済力や豊富な話題で女性を惹きつける。関連 ぶさカワ

**ふたこい【双恋】** 一度に複数の人に恋をすること。❖すべてが本気なので二股とは異なるが、その違いは本人にしか分からない。

**ふたこい【再恋】** ❶一度別れた人と再度付き合うこと。❷過去に好きだった人をまた好きになること。関連 循愛

**ふときゅん【ふとキュン】** 好きな人のふとした仕草にキュンとしてしまうこと。「彼がメガネをいじる様子にふとキュンしちゃった」

**ふゆじたく【冬支度】** 恋愛関係が冷え切って、終わろうとしている状態。「もう、今の彼とは冬支度なんだ」関連 滅い

## ふらじゅう【フラ充】

フラれてからの生活が充実していること。「私、今フラ充なんだ」

**ふれこい【触れ恋】** 消しゴムなどが机の上

傑作選
**【ノーブラ】** 「ノーブランド」の略。ブランド品でない物。「この服ノーブラだよ」(㊙P.37)

から落ちるのを拾おうとして、隣の席の女の子と手が触れ、恋に落ちること。

**へらメン【へら男】** 試合中などに、失敗してもヘラヘラと笑う男性。「おまえって、ほんとにヘラヘラ男だよな」❖団体競技ではほかのメンバーに不快感を与えてしまう。

**ポエお【ポエ男】** やたらとポエムを書きたがる男子。「ポエ男の彼は孤独を愛している」

**ボーイズトーク** 男子だけで集まって話し合うこと。「ボーイズトークしようぜ」❖好きな女子の話になることが多い。反ガールズトーク 関連 男欒《だんらん》

**ぼくじょ【僕女】** 一人称に「僕」を使う女性。「かわいくない僕女はうざい」

**ほくろ** 女性の中に男性が一人いること。また、その男性。反紅一点

**ホルモンヌ** ホルモン焼きをこよなく愛する女性。「週に三回はホルモンを食べるホルモンヌ」❖ホルモンに含まれるコラーゲンを摂取《せっしゅ》するのが目的。

## ホワイトガール

清楚《せいそ》で色白で、白い

傑作選

**【パーティー開き】**《パーティーびらき》 （ポテトチップスなどの）パッケージの裏側をつまんで左右に大きく開封すること。（あP.215）

ワンピースなどが似合いそうな優等生の女の子。

**まきこ【巻き子】** 髪の毛を巻いている女子。「巻き子、似合う〜」

**ミクボ【ミクボ】** 「ミクロボイン」の略。小柄でぽっちゃりして胸の大きな女の子。「柳原可奈子ってミクボだよね」❖かわいくない子には使えない。

**みつぎーノ【ミツギーノ】** 親密になりたい異性に対して、必要以上に物を買ってあげること。また、そういう人。「突然、知らない人からミツギーノされた」

**みみあい【耳愛】** 好きな人の声を聞いてときめくこと。

**みゃくぎえ【脈消え】** 思いを寄せている相手が、その人らしくない行動をすることで、思いが冷めてしまうこと。

**めおもい【目思い】** 気になる異性などを、つい目で追ってしまうこと。「あんたの目思い、バレバレだよ」

**めつい【滅い】**（特に恋愛関係において）破局寸前なさま。❖遠距離恋愛による自然消滅や、どちらかの気持ちが冷めてしまった場合などに使われる。関連 冬文度

傑作選

**【バカップル】**《ばカップル》 周囲の人間があきれるほどいちゃつく夫婦や恋人同士。「あそこのバカップルが出口をふさいでいる」（みP.160）

**めまい【愛舞】** ❶好きな人を見て、頭がクラクラすること。❷気分が舞い上がること。❖主に片思いの人が使う。

## もじこい【もじ恋】

恋人や好きな人と手紙のやりとりをすること。

**きたはら** 恋にもいろいろなやり方があって、「指恋」は携帯メールのやりとりを重ねるうちに恋愛関係に発展すること。「モバ恋」も同じ。それで男の子を落とす女の子を「親指姫」という。そういう時代に「もじ恋」は古いやり方だが、それだけにゆかしい。

**もじょ【喪女】** 自他ともに異性からモテないと認めている女子。「私は喪女だから、恋愛ってどういうものかよく分からないの」❖主にネット上で使われる表現で、「彼氏いない歴」が実年齢と同じであることが多い。

**もとこく【元告】** ダメ元で意中の相手に告白すること。「えーい、悩んでてもしょうがないから元告しよう」

**モバこい【モバ恋】** 携帯電話などで連絡を取り合っているうちに、恋に発展すること。「うち、モバ恋で彼氏できてん！」

傑作選

**【はぐれる】** 好きだった作家やジャンルの本を読まなくなる。「推理小説からすっかりはぐれてしまった」 ❖「飽きる」「卒業する」よりも柔らかい表現。(ⓐP.215)

男と女

**もりこい【盛恋】** 同時期にたくさんのカップルができること。「おいおい、うちのクラスはすんげえ盛恋だな」関連 波がくる

**やさじょ【優女】** 「優しい女性」の略。「あの子、優女だねぇ」

**やみこい【闇恋】** ❶伝えきれずに自分の中に抱え込んでいる恋心。❷好きな気持ちを自分の中にしまい込むこと。

**ゆうごい【遊恋】** 「遊びのような恋」の略。「オレの恋はまだ遊恋だ」

**ゆかこ【ゆか子】** 浴衣《ゆかた》を着ている女の子。「あのゆか子、かわいいー」

**ゆきこい【雪恋】** 雪のようにすぐ消えてしまいそうな、淡《あわ》く小さな恋。「この思いは雪恋なんかじゃない」

## ゆめあい【夢逢い】

寝ているとき、夢の中で好きな人や憧《あこが》れの人に逢うこと。「久しぶりに夢逢いしちゃった」

きたはら　「夢で逢いましょう」という古くからの言葉がある。テレビドラマやそのテーマソングの名でよく知られているが、それと関係あるかどうか。好きな人や憧れの人には夢で逢ってもう

傑作選

**【バッキー】**《ばっキー》　束縛がひどい人。「彼氏すごいバッキーで困ってるんだ」(みP.39)

れしい。

**ようしょくてんねん【養殖天然】**（注目を集めるため）わざと天然らしく振る舞うこと。また、そういう女子。「あいつ絶対、養殖天然だよ」❖自分のことを天然という人は八〇%が養殖天然だが、そうでない場合もあるのでよく考えて使おう。同お造り 関連天鈍

## よおもい【夜思い】

夜まで好きな人のことを思っていること。「昨日は夜思いをしていて全然眠れなかった」

**リアおと【リア乙】**現実的な乙女。反白乙

**リトマスし【リトマス氏】**好きな人の前で真っ赤になってしまう人。❖酸性に赤く反応するリトマス試験紙から。

**りゅうどうしょくけいだんし【流動食系男子】**流動食しか喉を通らないかのように、やせ細りすぎて見るに堪えない弱々しい男子。「流動食系男子は守ってあげたくなる」

**りょうかたおもい【両片思い】**周囲には二人が両思いだと分かっているにもかかわらず、その二人はお互いに片思いだと思

傑作選

**【ハブマンの仲《ハブマンのなか》】** 前世でハブとマングースであったかのごとく、初めからまったく気が合わない関係。（ⓐP.166）

い込んでること。また、恋をしている自覚がないこと。「両片思いなんだから、告白しちゃえばいいのにね」

きたはら　俗に「両思い」という言葉がある。「相思相愛」のことだ。古語では「諸恋《もろごい》」という。しかし、双方が「片思い」だと思い込んでいるということも確かにある。なるほどと思わせる新語だ。

**るいれん【涙恋】**　涙を流し続けてしまうような悲しい恋愛。「あの子、今、涙恋中なんだって」

**ルズお【ルズ男】**　❶約束の時間を守らないルーズな男性。❷いつもフラフラしていて、しまりのない男性。「いい年してルズ男はつらい」

**れきこい【歴恋】**　戦国武将など、歴史上の人物に抱く恋。「真田幸村に歴恋してます」

**れんじつ【恋日】**　付き合い始めた日や結婚記念日など、恋にまつわる記念日。

**れんぱい【恋輩】**　「恋の先輩」の略。「うちの弟は年は下だけど、僕より恋輩です」

**ロミジュリ**（ロミオとジュリエットのように）叶《かな》わぬ恋。補注 シェイクスピアの悲劇『ロミオ

男と女

傑作選　**【バブる】**　経済的に豊かになる。「財布の中身がバブる」（あ P.58）

とジュリエット』は、反目しあう名家に生まれた男女の悲恋を描いた物語。

**わらじょ【笑女】** 俳優やアイドルよりも、お笑い芸人が好きな女性。

傑作選

**【ハミングアウト】** 大事なことをハッキリ言わないさま。また、そういう人。「ハミングアウトする人って、話したいのか話したくないのか不明だよね」(ⓐP.116)

# 5

# コミュニケーション

おしゃべり、ケータイ、インターネット……
加速度的に進化するコミュニケーションの言葉。

**あかでん【赤電】** 携帯電話の充電が残り少ないこと。「うち、もう赤電やから切れてしまうかもー」［関連］デンキキ、ヤバケー

**あとけん【後検】**「後で検討する」の略。「セール会場を一周してから買う物を後検する」

**アドへん【アド変】**「メールアドレス変更」の略。

**アバイラ** 「アバターイラスト」の略。［補注］アバター（avatar）は、インターネットのチャットやゲームなどでユーザーを示すためのアイコンのこと。

**アフィる** アフィリエイトを使ってお金を稼ぐ。「今度、自分のブログでアフィることにしたよ」［補注］アフィリエイトは、成功報酬《ほうしゅう》型広告の一つ。ウェブサイトの運営者が、企業などと提携して商品の広告を掲載し、それを利用した売り上げに応じて報酬を得る仕組み。

**あみがい【網買い】** インターネットで買い物をすること。ネットショッピング。「昨晩、本と服を網買いした」［同］ネッピング ［関連］網売買、網る

**あみど【網戸】** ❶（網戸が虫を通さないように）パソコンにウイルスを通さないこと。

傑作選

**【場面で】**《ばめんで》 そのとき、その場合。「場面でよくね？（＝その場で決めればいいよね？）」❖物事を決めるときなどに用いる。（みP.40）

❷セキュリティーソフト。「安全のために網戸を買っておく」

**きたはら**　「インターネット」の略「ネット」、その和訳が「網」。ネットでの買物が「網買い」、ネットでのオークションが「網売買」。ついに「網る」という動詞まで作られた。一般に和語の方がカタカナ語よりも古くさい感じがするのだが、使い古された「ネット」を和語の「網」に訳して、かえって新鮮味が出ている。

**あみばいばい【網売買】**　ネットオークション。「いらなくなったものをまとめて網売買する」関連 網買い、網る、ネッピング

# あみる【網る】

❶インターネットを使って調べる。❷買い物をする。「それなら網った方が早いよ」関連 網買い、網売買、ネッピング

**あるぱか【歩パカ】**　歩きながら携帯電話を開くこと。「人混みで歩パカしていたら、人とぶつかってしまった」関連 乗るパカ、パカる

**いえご【家語】**　「家だけで使われる言葉」の略。自分の家、または身内の家だけで通じる言葉。❖「家族語」「うち語」とも言う。

傑作選

**【パンダ目《パンダめ》】**　まつげに塗ったマスカラが目の下の皮膚について黒くなった状態。「マスカラをつけて長時間たつと、パンダ目になることがある」(㋯P.41)

**いそう【違送】** 文字変換や送信先を間違えたままメールを送ってしまうこと。

**いたなか【板仲】** インターネット上の掲示板で仲のよい友人。「板仲にいいお店教えてもらったんだ」

**いみふ【意味不】** 「意味不明」の略。意味が分からないこと。

**いやホン【嫌ホン】** 嫌いな人からかかってきた電話。出たくない相手からの電話。

# インする【INする】

パソコンなどのオンラインゲームを始める。「今日の一〇時からINしない？」

**いんはん【隠反】** 照れ隠しで、思っていることと反対のことを言うこと。素直になれないこと。「彼はいつも隠反する」

**うぃる** 語尾について未来を表す。〜するつもりだ。「勉強うぃる（＝これから勉強する予定だ）」❖英語のwillから。ツイッターで用いられることが多い。関連 なう、わず 補注 ツイッター（Twitter）は、インターネット上のコミュニケーション・サー

傑作選

**【ぴきる】** （怒るまではいかない程度に）少しキレる。「妹がなかなか謝らないからぴきった」 ❖「ぴきーんとくる」から。（あP.60）

ビス。一四〇字以内の短文を投稿して、ユーザー間で情報共有できる。

**うさぎこうしん【兎更新】** ホームページやブログなどを頻繁に更新すること。更新が早いこと。反亀更新

**うらみみ【裏耳】** 秘密を盗み聞きすること。「いつの間にか裏耳されてた」

**うりうり** バイバイ。さようなら。「そんじゃー、うりうりー」❖「バイバイ」に「売売」の字を当て「うりうり」と読んだもの。

**エアーイン** その場の雰囲気に入ること。「あの女の子たちのグループにはエアーインしにくい」

**きたはら** グループには空気がある。その空気が読めないのが「KY」。空気が読めて仲間入りできるのがエアーインというわけ。

**えしゃく【笑釈】** 「笑顔で会釈」の略。にっこりと微笑みながら会釈すること。「感じのいい笑釈」

**おくちミッフィー【お口ミッフィー】** ❶静かにすること。「ちょっとうるさいから、お口ミッフィーで！」❷内緒。ノーコメン

傑作選 **【美黒】**びぐろ　肌が黒くてきれいなこと。また、その肌。(あ P.219)

ト。「今はまだお口ミッフィー」補注 オランダの作家ディック・ブルーナが描く絵本の主人公「ミッフィー」の口が、記号の［×］に見えることから。

**おしゃんティ【オシャンティ】**「おしゃれ」の若者語。「おしゃれ」をさらにおしゃれにした表現。「今日のコーディネート、とてもオシャンティだね」

**おそよう** 寝坊したときや遅刻したときのあいさつの言葉。「おそよう、もう出かける時間だよ」

**おとなしい【音無しい】** ❶メールの返信が誰からも戻ってこないさま。「おまえの携帯、いっつも音無しくね？」❷携帯電話の着信音をマナーモードに設定していて、音が出ないさま。

**おはなばたけ【お花畑】** ❶考えがふわふわとして集中できないこと。「ドラマの続きが気になって脳内がお花畑だよ」❷トイレなど、行き先を知られたくない場所。「ちょっとお花畑に行ってくる」

**きたはら** 『あふれる新語』には、まったく別の意味「制汗スプレーを大量に使用した後の残り香」で載っている。

**かずとも【数友】** メールアドレスや電話番

傑作選

**【美豚】**《びとん》　かわいいけど太っていること。また、そういう人。「そんなに食べると美豚になるよ」(あP.116)

号を知っているだけで、ふだん連絡を取らない友達。

**ガールズトーク**　女の子同士で恋の話や最近の出来事について話すこと。話題がころころ変わるのが特徴。相手に聞いてもらうのが目的なので、真面目な返答はあまり期待していない。反ボーイズトーク

**かいきげんしょう【回帰現象】**いつの間にか話題が一周してしまうこと。「あいつと話していると、いつも回帰現象が起こるんだよ」

## かくしかで

「かくかくしかじかで」の略。「かくしかで待ち合わせ、一〇時になったよ」❖時間がないときや急いでいるときに使うと便利。

**きたはら**　省略が得意で上手な若者にとって、同音の繰り返し部分を省略するくらいお手の物。確かにこれでも意味は通じそう。元の形は仮名で書くと長すぎるし。

**かげもん**　「陰で文句を言う」の略。

**かげる【陰る】**（面と向かうとペコペコしている相手に対して）陰で悪口などを言う。



傑作選

**【姫系】**ひめけい　女の子らしいさま。お姫様っぽいさま。「あの人は姫系だ」（みP.44）

「あの人、いい感じに陰ってるねー」

**かこる【過去る】** 昔のことを振り返る。思い出話をする。「元彼について過去ったら、未練があると思われる」

**かさぶたをめくる** 他人の過去の失敗を、本人の前で暴露する。また、そうして他人を傷つける。

**かたる【語る】** ❶恋愛話や妄想について、何時間もかけて友達と話す。❷深い話をする。

# かまちょ

「かまってちょうだい」の略。「すごい暇だから、かまちょー」❖メールなどで使う。

**かめこうしん【亀更新】** ホームページやブログなどの更新が遅いこと。反 兎更新 関連 カメる

**かめる【カメる】** ❶亀のようにゆっくりと行動する。のろのろする。「カメるな！ 急げ！」❷真面目に努力して才能がある者に勝つ。「ダメだった彼が、○○くんにカメった」❖イソップ童話「うさぎとかめ」から。関連 亀更新

# かるめ

電話して欲しいときに使う語。「早くかるめ！ とメー

傑作選

**【秒殺】**《びょうさつ》 出会った瞬間に恋に落ちること。「完全に秒殺された」(あP.23)

ルが来た」❖《Call me!》をローマ字読みした語。

**ぎせいご【偽誠語】** 額面通りには心がこもっていない言葉。「あいつは口がうまいが、大半は偽誠語だ」

**キャラレス** インターネット上で特定のキャラクターになりきってする返信。

**ぎらつく【ギラつく】** ホームページやブログの書き込みなどで、彼氏（彼女）をつくることを目的として手当たり次第に絡む。「夜を徹してギラつく」

**くうポン【食うポン】** 携帯電話のクーポンを活用して、飲食代を安くすること。「今日も食うポンで満腹だ」

**ぐだる** ❶とりとめのない話をする。むだ話をする。「彼と話すとぐだってしまう」❷計画性のない行動をする。

**クレる** だんだんとテンションが上がり、声が大きくなる。「あの先生の授業はいつもクレる」❖音楽の強弱標語「クレッシェンド」（次第に強く）から。

**グンモ** 「グッドモーニング」の略。朝のあいさつ。「○○ちゃん、グンモー」



傑作選

**【プーさん】** 太っていてかわいい感じのオーラを放っている人。「あの人はプーさんだ」 ❖デブとまた違うニュアンス。（ⓐP.168）

**けいどく【携読】** 携帯電話で本を読むこと。「今、携読してるやつが面白いねん」

**けんがいこどく【圏外孤独】**（旅先などで）携帯電話が圏外になってしまい、孤独に陥ること。「山小屋では圏外孤独になりがちだ」❖「天涯孤独」のもじり。

## こいちゃく【恋着】

好きな人や付き合っている人専用の着信音。「わーい、恋着だー」

**ごきぶり** 「ごきげんよう、お久しぶり」の略。「これはこれは、ごきぶりですね」

**こしょる** 「こしょこしょ話をする」の略。内緒話をする。「こしょられると気になる」❖こしょる内容には多少の悪意が含まれていることが多い。

**ごばく【誤爆】** 間違った相手にメールを送信すること。「ごめん、さっき送ったメールは誤爆だった」❖「GBK」とも。

**コメる** 「コメントする」の略。「友達のブログにコメる」

## さぎょる

携帯電話でサ行の文字を入力するつもりが、間違えて電源キーを連打してしまう。「長文を

傑作選
**【ブータレ期《ぶーたれき》】** 親に反抗したくなる時期。反抗期。（あP.220）

打っている途中でさぎょるとテンションが下がる……」補注 携帯電話やPHSでは、ダイヤルキーの3の上に、終話／電源キーが配置されていることが多い。文字入力の際、サ行が割り当てられている3のキーと間違えて電源キーを連打すると、メールなどのアプリケーションが終了してしまう。

きたはら よくあること。電源ボタンはサ行のボタンの直上にある。こんな動作にまで言葉が作られているとは。

**さくらメール【桜メール】**（合格通知など）春に届くよい知らせのメール。「幼なじみから桜メールが来た」

**さそいごろし【誘い殺し】** 他人にネタを振ってオチを言わせておきながら、そのオチに対する反応を示さないこと。「おいおい、誘い殺しはひでえなぁ」

**さむかわ【さむカワ】** ギャグなどがスベってさむいところが逆にかわいらしいこと。また、そういう女性。「さむカワ発言キター！」

きたはら 「～かわいい」には「うざかわいい」「きもかわいい」などすでにいろいろな語が作られている。最近それが「～カワ」に短縮されている。本書にも、「イケカワ」「カコカワ」「めっカワ」「やさカワ」「きゅんカワ」その他たくさん載せた。

傑作選

**【プチプラ】** 「プチプライス」の略。値段が安いこと。「プチプラなのにかわいいね」(あP.221)

**さメール【冷メール】** とてもつまらないメール。「超KYな冷メールがきた」

**じきる【敷る】** 友人と河川敷で悩みなどについて語り合う。❖平日の夜か、天気のよい休日の昼間に行う。

**きたはら** 『あふれる新語』には、「土手る」を載せた。「土手で青春を満喫する」という明るく楽しい意味だが、河川敷にまで降りると少し暗い語り合いになる。「かせんジキ」の略だから「じきる」と語頭が濁《にご》る。

**しける** ❶場の空気が悪くなる。「空気を読まずに発言したから、しける」❷やる気をなくす。「今朝の占い見たら、しける」

**じこる【事故る】** ❶事故が起こる。「やばい！ 水筒が漏れてる！ 事故ったぁ」❷冗談を言ってスベる。❸話が食い違う。

**じどり【自撮り】** 自分を撮影すること。また、その写真。「うちの自撮りあげるよ」

**しばらば** 「しばらくさらば」の略。数時間後に会うときの別れの挨拶。「それでは、しばらば」

**じゃきる【邪鬼る】** （けんかをし

傑作選

**【ブチる《ぶちる》】** (メールなどで)返事をしない。「昨日友達からメールがきたが、面倒だったのでブチった」(みP.106)

たときなどに）素直になれずに思っていることと逆のことを言ってしまう。「彼とけんかしても、邪鬼ってしまってなかなか謝れない」❖「天の邪鬼《じゃく》」から。

**じゃぐち【邪口】**（水道の蛇口から水が流れ出るように）邪《よこしま》な発言が口からどんどん出てくること。「誰か、彼の邪口を締めてくれ〜」

**しゃしゃる【喋々る】**（周囲を明るくするために）たくさん喋《しゃべ》る。「みんなで喋々って今夜のパーティー楽しもうぜ！」

**しゃメモ【写メモ】** 携帯電話のカメラで、メモのかわりに写真を撮ること。「テスト範囲の写メモ見せて！」

**じゅずる【数珠る】** 一人が笑い始めたのにつられて、連鎖的に笑い出す。「あいつら完全に数珠っている」

**しゅんぎり【瞬切り】** 一瞬で電話が切れること。「おっ、また瞬切りかよ」❖ワンコールで切れる「ワン切り」よりも素早く切れる。いたずら電話のことが多い。

**しょうわやく【昭和訳】** 昭和風の表記や読み方。❖「アーティスト」→「アーチスト」、「メディカル」→「メヂカル」、「ティラミ

傑作選

**【フラゲ】**「フライングゲット」の略。CDやDVDを発売日前に手に入れること。（みP.107）

ス」→「テラミス」など。

きたはら　昭和は遠くなりにけり。確かに外来音「ティ」「ディ」に対応する仮名は「ティ」「ディ」であると決められたのは一九九一（平成三）年六月だから、昭和の人には「チ」「デ」と表記する人が多いかも知れない。「昭女（昭和時代に生まれた女の人）」という言葉もある。

**しらばん【知ら番】**「知らない番号」の略。携帯電話のアドレス帳に登録していない番号。「知ら番はちょっと怖いから、出ません」

**スマけん【スマ検】**「スマートフォンで検索」の略。「レストランをスマ検する」

きたはら　「スマップ検定」という検定があるが、この「スマ」はスマートフォン、「検」は「検索」の「検」だ。「国語力検」「言語力検」「漢字能力検（漢検）」など「検定」の「検」が大はやりだが、これからは「検索」の「検」も多用されるようになるだろう。そして「スマートフォン」の「スマ」も。

**スマデ**「スマートフォンデビュー」の略。携帯電話をスマートフォンに買い替えること。「最近、スマデする人多いよね」

**せきつう【赤通】**「赤外線通信」の略。携帯

傑作選

**【プリマジ】**「プリクラマジック」の略。プリクラによって顔が白く写ったり、肌がきれいに写ったりして、実際よりも何倍もきれいにかわいく写ること。（㊙P.47）

電話端末間で、赤外線によりデータ交換をすること。「その画像が欲しいから赤通して」

**セグる** （ワンセグ機能を利用して）携帯電話でテレビを見る。「セグると電池が消耗する」

**ゼロメ** 「零時メール」の略。誕生日などの記念日に、日付が変わると同時に送られてくるメール。❖お正月に頻《ひん》繁《ぱん》に送信され、通信障害が起きる。

**せんニク【専ニク】** 「専用ニックネーム」の略。ある特定の相手にだけ使うニックネーム。

**ソフなか【ソフ仲】** 「ソフトバンク仲間」の略。「ソフ仲だから安心して長電話できる」補注 ソフトバンクの料金プラン「ホワイトプラン」では、一時から二一時まで、ソフトバンク携帯電話、ディズニー・モバイル携帯電話への通話が無料となっている。

**そらこえ【空声】** 聞き覚えのある声。「弟の声と空声だね」

**そろぶち【そろブチ】** 「そろそろブチる」の略。（携帯メールのやりとりなどを）そろ

傑作選

**【プロい】** 技術や完成度がすばらしく、プロのようであるさま。特定のことに関して他人より秀でているさま。「ピアノの弾き方がプロい」(ⓜP.48)

そろ終わらせること。「そろブチでよろしく」

**ちいげさ【小袈裟】** 深刻な出来事をささいなことであるかのように語ること。「自分のミスを小袈裟に語る」

**ちゃしつ【茶室】** インターネット上のチャットルーム。「夕方六時に茶室集合ね」

**ちょいちょい** ❶しばしば同じことが起こること。「この頃、ちょいちょい会うね」❷数量・程度がわずかで少ないこと。「ちょいちょい食べてるよ」❸人に呼びかけるときに発する語。❖「ちょ」にアクセントをおかずフラットに発音する。

**ちょイレ** 「ちょっと、トイレ行ってくる」の略。「うー、ちょイレだから待ってて」

**ちょうぜつ【超絶】** 言い表せないほどすごいさま。「このパン超絶おいしいな」❖「とても」や「すごい」などより強い。

**きたはら** 他をはるかに超えてすぐれていることという意味のれっきとした漢語がある。しかし、これは「超」だけでは足りなくて、「絶大」「絶妙」「絶品」などの「絶」を付けたものだろう。

傑作選

**【ベタる】**《べたる》 （恋人もしくは親友同士が）仲良しで常に一緒にいる。「最近、相当ベタってるね、あの二人」（あP.24）

**つり【釣り】**（インターネットの掲示板やブログのタイトルなどで）興味を引くタイトルをつけること。❖閲覧数を増やすために行われることが多い。

**デジタリアン** ❶パソコンや携帯電話などのデジタル機器に過度に依存している人。❷ヒマさえあれば携帯電話の画面を見ている人。

## てへぺろ【テヘペロ】

失敗をごまかしたり、恥じらったりしているさまを表す語。「あーっ！　ケアレスミスしちゃったテヘペロ」❖マンガなどで、「テヘッ」と言いながら舌を出すしぐさから。

**てれフォン【照れフォン】** 好きな人との電話で、照れて会話が続かないこと。関連 電緊

**でんきき【デンキキ】**「（携帯電話の）電池が危機」の略。電池の残量が少なくなり、電源が切れそうな状態。「あっ、デンキキや、充電せな」関連 赤電、ヤバケー

**でんきん【電緊】** 電話で緊張すること。「まじ電緊なんだけど」関連 照れフォン



**【へたれ】** ❶なんでもすぐにやめてしまったり、投げ出してしまうこと。また、そういう人。❷勇気がないこと。また、そういう人。（㋯P.49）

コミュニケーション

**どくる【毒る】** すごくきつい言葉を吐く。

**ドコム** 「ドコモとウィルコム」の略。ドコモとウィルコムの携帯電話をもっていること。「これからの若者はドコムでしょ」

**どたさん【ドタ参】** 土壇場で参加すること。「ドタ参するけどいい？」反ドタキャン

**ともだちわほう【友達話法】** 自分に起こった出来事を、あたかも友達の話のように語ること。

**なう** 語尾について現在を表す。～である。～にいる。「電車なう（＝電車に乗っている）」❖英語のnowから。ツイッターで用いられることが多い。関連うぃる、わず

**きたはら** ツイッターで頻用されている言葉。ツイッターは自分の今を書き込みながら人とおしゃべりをするものだから、「なう」が重宝される。「仕事なう」「ダンスなう」など行動にはもちろん、「新幹線なう」「東京駅なう」など場所にも付き、「ラーメン食べているなう」のような使い方もされる。nowや「ナウ」ではなく平仮名書きであるところがかえって新語らしい。

**なまりズム【なまリズム】** ❶方言に特有の

傑作選 **【ヘルシスト】** 脂っこいものを嫌い、カロリーの低いものを好んで食べる人。「彼はヘルシストだからマヨネーズを食べない」（ⓐP.222）

リズム。「素敵ななまリズムですね、お国はどちらですか?」❷その人特有の話し方。「あの子のなまリズムに、癒《いや》される」

**ネッピング**　「ネットショッピング」の略。「ネッピングだと、ついつい買いすぎちゃう」〔同〕網買い〔関連〕網売買、網る

**のぞけい【覗携】**　恋人からのメールを待っているときなどに、何度も携帯電話の画面を覗いてしまうこと。

## のどこおる【喉滞る】

言いたいことは分かっているのだが、言葉にならず喉の手前で滞《とどこお》る。

〔きたはら〕　語頭の「と」を「の」に変えただけで、喉が滞る意味に変わった。こういう造語は、本章に「ちょイレ」「ひめき声」、次章に「いやげもの」など類例が多い。

**のるぱか【乗るパカ】**「乗るなりパカッ」の略。電車に乗り座席に着くとすぐに携帯を開いて見ること。〔関連〕歩パカ、パカる

**ノルマンディーじょうりくさくせん【ノルマンディー上陸作戦】**話題に入り込むための強引な手段。〔補注〕ノルマンディー上陸作戦は、第二次世界大戦で、一九

傑作選　**【ポジプラ】**「ポジティブでプラス思考」の略。「もっとポジプラでいこうよ～」(㋯P.50)

四四年に西側連合軍がナチス・ドイツ軍に占領された西ヨーロッパへ進行するためにとった作戦。スティーヴン・スピルバーグ監督、トム・ハンクス主演の映画『プライベート・ライアン』(一九九八年)には、この作戦を象徴するオマハ・ビーチでの戦いが描かれている。

**はいスペック【廃スペック】** 機能が高すぎて使いきれないもの。性能はいいが使い道がないもの。「自分にとってあのロボットは廃スペックだ」❖ハイスペック(高性能)のもじり。

# ぱかる【パカる】

❶携帯電話を開ける。「最近の携帯は、パカらないのが多い」❷箱を開ける。関連 歩パカ、乗るパカ

きたはら 携帯電話はパカっと開く。そこから携帯電話を開くことを「パカ」という。「歩パカ」「乗るパカ」などの語もある。

**ばしょう【罵笑】** 相手を罵倒しながら嘲笑うこと。「あいつは私のことを罵笑したんだ、許せない」❖冷酷な人間がする行為。

**バスイン【バスIN】** お風呂に入ることを理由にメールのやりとりを中断すること。

傑作選 【ホタる】ほたる 夜、ベランダに出てタバコを吸う。(あP.170)

「昨日、バスINされた」

**パソくぎ【パソ釘】**「パソコンの前に釘づけ」の略。「今日は一日中パソ釘だったよ」

**ぱちる【パチる】**❶他人のものを許可なく借りる。「姉のシャーペンをパチっている」❷撮影する。「パチるから並んで！」

**はなげ**「話なげーよ」の略。とりとめもない会話を延々と続けること。また、そういう人。「うちの校長は典型的なはなげだ」

**ばぶる【バブる】**立派な大人が「～でちゅ」などと赤ちゃん言葉を使う。「いい年こいてバブるのはやめなさい！」

**はまだん【浜談】**「浜辺の悩み相談」の略。親友や先生に浜辺で悩みを聞いてもらうこと。「昨日は泣きながら浜談した」

## はむでん【ハム電】

公衆電話。「最近ではハム電はめっきり姿を消した」❖「公」を「ハ」と「ム」に分解した語。関連 ハム交

きたはら 四章に載せた「ハム交（公共交通機関）」も同じだが、「公」の字をカタカナの「ハ」と「ム」に分解するのはギャル文字の一種。「死」を「タ」「ヒ」と書く

傑作選

**【マズる】**《まずる》 まずいことをする。失敗する。「やべぇ……、マズっちゃったよ」❖会話中に過去形で用いられることが多い。（みP.51）

のなどは有名。「現」↓「王」「見」、「神」↓「ネ」「申」、「超」↓「走」「召」など漢字に分解するものもある。

**はんぺら【半ペラ】**「半ペラペラ」の略。英単語を読むときだけ発音がよくなる人。「あの人見事な半ペラだね」❖実際に英会話ができるとは限らない。

**ひめきごえ【ひめき声】**「悲鳴とうめき声」の略。あまりに恐ろしい事態に遭遇したときに出る、悲鳴とうめき声を合わせたような声。「お化け屋敷からひめき声が聞こえる」

**ファーストトーク**　重要な話を最初にすること。「無駄な話をせず、ファーストトークでいこう」

**フォンゲー**　アイフォーン(iPhone)で遊べるゲームの総称。❖パズルやシューティングなど、さまざまな種類がある。

## ブラックアウト

携帯電話や携帯ゲーム機の電池が切れ、画面が暗くなること。「あー、こんなところでブラックアウトかよー」

**ブラックパーティー**　友達同士で集まって、日ごろの不平不満などをぶちまける

傑作選

**【マヨらか】**　マヨネーズによってまろやかになった味。
(あP.224)

こと。グチ大会。「ブラックパーティーのおかげでスッキリした」

**ふりこめないさぎ【振り込めない詐欺】** お金を払いたくなるほど素晴らしいが、無料で公開されている動画やソフトウェア。

**ふりとばす【振り飛ばす】** ❶遠くの人にネタを振る。❷中に入っているものを振って遠くの人に飛ばす。

## ブロじょう【ブロ常】

「ブログの常連」の略。ブログを頻繁に閲覧してくれる人。「お願いだからブロ常になってくれ」

**ぽつる【ポツる】** ポツリポツリとつぶやく。
❖主に独り言の場合に使う。

**ほなおつ** 「ほな、おつかれさん」の略。

**きたはら** 「ほな、おつかれ」を「おつかれ」まではよく言うが、「おつ」まで省略されてはついていけない。「おつあり（おつかれさま、ありがとう）」という語もあるが。関ジャニ∞の村上信五が使い始めたものらしい。「ほな」はもちろん大阪弁。

傑作選

**【まろ】** 眉毛がない、もしくは薄いこと。また、そういう人。
「今朝、慌てて眉毛剃ったらまろになったぁー」（㊔P.170）

**ほびろん【ホビロン】**「本当にびっくりするほど論外」の略。「君の考えはホビロンだ」❖主にインターネット上で使われている表現。[補注]P・A・Works原作のアニメ『花咲くいろは』から。

**ほんこわ【ホンコワ】**「本当にあった怖い話」の略。「ホンコワは修学旅行のメインイベントだ」

## まくのうち【幕の内】

話の内容が多岐にわたり、分かりづらいこと。❖多種のおかずを詰め合わせた「幕の内弁当」から。

**まくる【捲る】**メールなどを返さずに放置する。意図的に連絡を取らない。

**マシンガンタッチ** 携帯電話のメールを打つのが速いこと。また、そういう人。

**まだん【真談】**深刻というほどではないが、それなりに真面目な話。「こっから先は真談なんだけどさ」

**マナモ** 「マナーモード」の略。

**マナる** マナーモードにする。「病院だし、携帯マナナっとこ」

傑作選

**【マロい】**《まろい》 落ちついた、和やかな状態。「この喫茶店は非常にマロいね」 ❖「まろやか」から。(㋯P.52)

**まめる【豆る】** 日常生活に必要のない雑学を語る。「あいつ、また豆ってる」

**まわらい【間笑い】** 会話中の（無言の）間によって引き起こされる笑い。

**みかんごえ【魅甘声】** 魅力的な甘い声。「彼女の魅甘声は効果絶大だ」

**みぞる【未曾る】** ❶知ったかぶりをする。❷漢字や英単語などを読み間違う。「この漢字、未曾った」補注 二〇〇八年、内閣総理大臣であった麻生太郎が「未曾《みぞ》有《う》」を「みぞうゆう」と読んだことから。

きたはら 総理大臣の読み間違いは動詞にまでなった。まさに未曾有のことだ。

**むだゆび【ムダ指】** 好きな人にメールを送っても返信がないこと。

**メアチェン** 「メールアドレスチェンジ」の略。メールアドレスを変更すること。

きたはら ここまで省略が進めば、もうKY語だ。後掲の「メルチェ」「メルデレ」も同様だ。

**メールまつり【メール祭り】** 友人からひっきりなしにメールが届き、携帯電話が鳴

傑作選 **【見せ筋】**《みせきん》 見た目だけはものすごい筋肉。適応力や柔軟性があまりなく使えない筋肉。（みP.132）

りやまないこと。「昨日はメール祭りで勉強どころではなかった」

**メルチェ** 「メールチェック」の略。「家に帰ったら、すぐメルチェするね」

**メルでれ【メルデレ】** 「メールだとデレデレ」の略。メールのやりとりになると、途端にデレデレとなること。また、その人。
関連 指《ゆび》話《わ》

**もしょる【モショる】** 小声でしゃべる。

**モスキーボイス** 蚊の鳴くような、よく聞こえない声。「緊張のあまりモスキーボイスになってしまった」

**もてごえ【モテ声】** 人に好かれる声。「私はモテ声になるためにトレーニングしている」

**もやる** 語尾が聞き取れなくなる。「あの人の言葉、もやってるよね」

## やさうそ【優嘘】

相手が傷つかないように嘘をつくこと。「そんなことない、と優嘘をついた」

**やばい【ヤバい】** ❶とてもうれしい。「テス

傑作選 **【みのる】** みのもんたのようにバリバリ働く。「あの家のダンナさん、みのってるわねぇ」(みP.52)

ト一〇〇点だった！　ヤバい！」❷テンションが上がる。「明日ライブだよ！　ヤバい！」❸とてもかっこいい。「先輩ヤバかったね！」❹とても楽しい。「遊園地ヤバい！」❺焦っている。「もうすぐ本番だよ。ヤバい！」❻よくない。「先生に怒られるよ。ヤバいって！」❼頭がおかしい。「あの子ヤバいね」

**きたはら** 危険なほど度はずれていれば、いや、それほどでなくても普通以上だと、何でもヤバい。まことにヤバいことになっている。

**やばけい【ヤバケー】**「ヤバい携帯電話」の略。携帯電話の電池残量が非常に少なくなってしまった状態。「ヤバケーだからいつ切れるか分かんない」関連 赤電、デンキキ

**ユーかん【ユー鑑】**「ユーチューブ鑑賞」の略。ユーチューブでアニメやドラマなどの動画を見ること。「ユー鑑しすぎて睡眠不足です」補注 ユーチューブ（YouTube）は、インターネット上の動画投稿サイト。

## ゆびわ【指話】

携帯電話のメールによるコミュニケーション。「面と向かうより指話のほうが盛り上がる」関連 メルデレ

**きたはら** 文字を手で書く時代から指で



傑作選

**【むさい】** 熱気がムンムンしていて、どことなく汗の臭いがするさま。また、女っ気がないさま。「男子校はむさい」（みP.52）

打つ時代になったからできた言葉。前掲「ムダ指」も指で打ったメールだし、「親指姫」「指恋」などの「指」もメールを打つ指のことだ。

**よてがみ【夜手紙】** 夜中にやりとりするメール。

**ラブちゃく【愛着】** 好きな相手からのメール着信。「昨日の夜、思いがけない愛着がきた」

**ランほう【ラン訪】**「ランダムな訪問」の略。ブログやホームページを目的もなく訪問すること。「ラン訪してると時間があっという間にすぎる」

**リプ**「リプライ（reply）」の略。返信。「質問がある人は、リプお願いします」

**れんほうトーク【レンホートーク】** 相手の欠点や弱点を厳しく指摘すること。また、反論する時間を与えないこと。補注 二〇〇九年一一月の行政刷新会議で仕分け人として活躍した民主党の蓮舫議員から。次世代コンピュータの開発予算を審議した際の「二位じゃだめなんでしょうか？」という発言が有名。

**ロコご【ロコ語】** 地元の人々が使っている

---

傑作選

**【ムダがらみ】**むだがらみ　たいして用事もないのに、無意味でつまらない話をもちかけること。「大好きな先輩にムダがらみしてしまった」(㋯P.53)

言葉。❖「現地語(local language)」から。

**わず**　語尾について過去を表す。～していた。「学校わず」❖英語のwasから。ツイッターで用いられることが多い。関連 うぃる、なう

きたはら　ツイッターで「うぃる」「なう」「わず」の三セットで使われる。「だん(done)」という言い方もある。

## わちゃる

友達と騒ぐ。「明日はみんなでわちゃろう」関連 わちゃわちゃ

**わちゃわちゃ**　人がたくさん集まって楽しそうに盛り上がっているさま。「運動会ってわちゃわちゃしてて、好きだけどなー」❖「わいわい」よりも親密な場合に使う。関連 わちゃる



傑作選　**【メガネ度】**《めがねど》　メガネをかけている人の似合い具合。❖その値が高いほど似合っているが、はずしたときの印象は希薄になる。(あP.225)

# 6

# ファッション

ファッション、グルメ、エンターテイメント……
流行に敏感な中高生のカルチャーを表す言葉。

## あげスカ

スカートをウエストより上にあげて穿《は》くこと。スカートの丈を短く見せたいときの穿き方。「私、今日あげスカしてるんだ」関連 太巻き

**きたはら** 男の子は「下げパン」「腰パン」でだらしなく、女の子は「あげスカ」で危なく。普通の着方を見るとほっとする。

**あさがつ【朝ガツ】** 朝食に脂っこいものを食べること。「今日はトンカツを朝ガツした」

**あさシャワ【朝シャワ】** 朝にシャワーを浴びること。❖「朝シャン」とは別。関連 朝湯

**あさばけ【朝化け】** 朝、化粧をして化けること。関連 ばけカワ

**あすエット【明日エット】** 「明日からダイエット」の略。「明日エットだから今日はがっつり食べまくるー!」

**あまきん【甘禁】** お菓子やジュースなど、甘い物を食べるのを禁止すること。「今日から甘禁する」❖主にダイエット中に使う。

**あらポッド【アラポッド】** アイドルグループ「嵐」の楽曲だけを入れた携帯音楽プレ

傑作選 **【メタポン】** メタボリックシンドロームになりかけの人。(あP.143)

ーヤー「アイポッド(iPod)」。

**いはソ**　「違反ソックス」の略。学校指定ではない靴下。

**いやげもの**　もらってもうれしくない土産物。「今年は巨大な石像といういやげものが送られてきた」❖「土産物」のもじり。

**インテグラる**　結った髪の毛先が外側にはねる。「あちこちにインテグラっている」❖数学の積分記号「∫」(インテグラル)から。

**ウェブる**　湿気で髪の毛が波のようにうねる。「今日天気悪っ！　髪ウェブる！」同ウニョる 関連 湿気髪《しけがみ》、梅雨髪《つゆがみ》

**うにょる【ウニョる】**　湿気によって頭髪がクネクネになる。「梅雨だから、すぐにウニョってしまうよ」同ウェブる 関連 湿気髪、梅雨髪

**うみガール【海ガール】**　❶海を愛する女の子。❷水兵さんのような服を着る女の子。関連 森ガール、山ガール

**うらピ【裏ピ】**「裏ピース」の略。プリクラなどを撮るときのポーズで、手の甲を表に

傑作選
**【目力《めぢから》】**　目にインパクトがあること。「まつ毛パーマとマスカラで目力がアップした」(みP.53)

向けたピース。「若者の間では裏ピが基本です」

**エアダイエット** 気持ちだけダイエットしていること。「母は年中エアダイエット中」

**エコぐい【エコ食い】** ❶ダイエットをすること。「私はエコ食いをしています」❷少食な人。「私はエコ食い」

**おあがり** 年下の人から、古くなった衣服などをもらうこと。「このシャツ、妹からのおあがりなの」反 おさがり

## おじかわ【おじカワ】

「おじさんっぽくてかわいい」の略。おじさんが穿きそうなパンツや靴などを取り入れたファッションスタイル。関連 森ガール

きたはら 「おじさん」が身につけるようなものだが「カワイイ」の略。サスペンダーやチノパンをオシャレに身につけるファッションのこと。「おばカワ」という言葉もある。

**おとなぐい【大人食い】** 幼い頃にお腹いっぱい食べたいと思っていた食べ物を、大人になってから心ゆくまで食べること。「エゾバフンウニを大人食いしてやった

傑作選 **【メル告《メルこく》】** メールで告白すること。(あP.28)

ぜ」関連 大人買い（＝一度に大量に買うこと）

**おやじたけ** ズボンや服のそでが短いこと。「おやじたけってダサイよね」❖制服が小さくなってしまった中学三年生、高校三年生によく見られる。

**おろち【オロチ】**「お揃《そろ》いで色違い」の略。「友達とオロチの服を買った」

**かいふくび【解腹日】** ダイエット中に、「今日だけ」と決めて思い切り食べる日。

**ガガる** ❶奇抜な衣装や装飾品を身につける。❷厚化粧をし、露出度の高い服を着る。「私、今ガガってます」補注 アメリカの女性歌手レディー・ガガ（Lady Gaga）は、奇抜なファッションでも有名。二〇一一年、アメリカの経済誌『フォーブス』が選ぶ「世界で最も影響力のあるセレブリスト」で一位に選ばれた。ツイッターのフォロワー数は二一〇〇万を超える（二〇一二年三月現在）。

**かびる【カビる】** ❶派手に着かざる。「今日はちょっとカビってみよう」❷お金をぜいたくに使う。❖「華美」を動詞化した語。

ファッション

傑作選 **【メルへん】**「メールの返信」の略。「ごめーん、昨日は寝ちゃってメルへんできなかった」（あP.118）

**かまる【釜る】** 家族揃って食事をする。「週末は必ず釜る」❖「同じ釜の飯を食う」から。関連 バラ飯

**カミリア** 韓国の女性歌手グループ「KARA」のファン。「今夜は、カミリアで集まろう」❖「KARA」とラテン語で「家族」を意味するFamiliaを合わせた造語。KARAのメンバーもファンのことを「カミリア」と呼んでいる。

**かわキュー【川キュー】** 川辺でバーベキューを満喫すること。「明日はみんなで川キューしよう！」

**ぎぱい【偽パイ】** 胸を大きく見せるための詰めもの。関連 盛りブラ

**ぎょうてん【行店】**「行列のできる店」の略。人気店。「うちの商店街はなにげに行店が多い」

## ぎょマヨ【魚マヨ】

マヨネーズをかけた魚肉《ぎょにく》ソーセージ。「今朝は忙しかったから魚マヨです」

**きらべん【キラ弁】**「キラキラしている弁当」の略。好きなおかずしか入っていない弁当。「ラッキー、キラ弁だー！」

傑作選

**【メロス】** 自分の信念を追い求めるあまり、周りにかけている迷惑に気づかないこと。また、そういう人。「いいヤツだけど、ちょっとメロスなところがある」(あP.171)

**きれかわ【キレカワ】**「きれいでかわいい」の略。「あの人、キレカワだ、やばくね」

**きわがい【際買い】**（デパートなどで）閉店間際に安くなった商品だけを買うこと。

**きんめし【近飯】**「近々飯でも食いに行こう」の略。「そんじゃ、今日のところはこの辺にしておいて、近飯でも」❖実際にはあまり実行されないことが多い。

## くっきー

茎わかめ。「くっきーは遠足のおやつに最適」

補注 味噌汁などの具として食べられている「わかめ」は、ワカメの葉。根の近くにあるひだ状の部分を「めかぶ」、茎にあたる部分を「茎わかめ」という。茎わかめの酢漬けは、おつまみとして定着していたが、歯ごたえが良く、そのうえ低カロリーで健康に良いということで若者の間でおやつとして人気を集めている。

**くつしたしんすい【靴下浸水】**大雨の日に靴下までビショビショに濡れること。「今日の雨は靴下浸水の恐れがあるな」

**ぐびる【グビる】**飲料を勢いよく飲み込む。「ジュースをグビる」

**けいしょく【携食】**（ガムやお菓子など）小

---

傑作選

**【萌え袖《もえそで》】** 指の先が少し出るくらいの袖丈の服。「あの子の萌え袖、めちゃかわいいー」 ❖冬の女子高生によく見られる。（あP.226）

さくてすぐに食べられる食物。「もっていた携食を友達にあげる」

**げんかつ【減活】**「減量活動」の略。体重を減らすための努力、活動。「減活中だから甘いものは控えておくよ」

**げんぜい【減贅】**余分な脂肪（贅肉）を減らすためにダイエットすること。「お母さん、そろそろ減贅した方がいいよ」

**こいエット【恋エット】**「恋を成就させるためのダイエット」の略。❖女子のダイエットはだいたい恋エットである。

**ごうもの【豪物】**オーストラリアのお土産や名産品。「カンガルーは典型的な豪物だ」補注 オーストラリアは、漢字で「豪太剌利」と表記する。

**こげる【焦げる】**（黒髪だった人が）髪の毛を茶色に染める。

**コスメティックバイオレンス** ❶厚化粧や香水のつけすぎがもたらす、周囲への迷惑。❷（電車内など）公共の場で化粧をすること。「コスメティックバイオレンス防止運動が始まる」

きたはら 「ドメスティックバイオレンス（家庭内暴力）」のもじり。「コスメテ

傑作選 **【モソる】**《もそる》 妄想にふける。他のことを考える。ありえないことを想像する。（あP.65）

イック（cosmetic）」は化粧の、美容の、という意味。非常識の人が増えてきて迷惑千万《せんばん》。まさにバイオレンス（暴力）だ。「CV」と省略することもある。

**こそがい【こそ外】**「こっそり外食」の略。主婦が夫などに隠れて外食をすること。「昨日は子どもとお寿司屋さんでこそ外しちゃった」

**コリラー**　韓国の音楽やドラマが好きな人。「最近、コリラー増えたよね」

**コンプ**　「コンプリート（完全・完璧）」の略。何かをすべて集めること。「やったー！これでカードをコンプした」

**さかいれ【逆入れ】**（マヨネーズやケチャップなどを）冷蔵庫に逆さにして入れること。

**さぎる【サギる】**❶化粧や洋服などで、外見をよく見せる。❷写メやプリクラなどで、実際以上にかわいらしく写る。「このプリクラ、超サギれてない？」

**さけチ**　「さけるチーズ」の略。「無性にさけチが食べたくなる」

**さっとり**　「さっくり、しっとり」の略。感



傑作選

**【もっそい】**　「すごい」の最上級。「ものすごい」よりも上。「あの人は、もっそい賢い人だ」（㊀P.54）

触がサクサクしていながら、どこかしっとりとしているさま。「あのクッキーはさっとりしている」

**さらうで【さら腕】** 腕に時計を着けていないこと。「今日はさら腕だから時間が分からん」

**きたはら** 「さら」は「まっさら」「さら地」などの「さら」で、何も手が加わっていないこと、新しいことの意。「さら地」のように何もない腕なら、腕輪も腕時計もない。

**さらシ【サラシ】** 「サラサラシート」の略。汗をかいた後に使うデオドラントシート。

**さらスト【サラスト】** サラサラストレート、もしくはサラサラストーンな髪。「いつもサラストでうらやましい」

**さりおしゃ【さりオシャ】** 「さりげないオシャレ」の略。「さりオシャこそ、本当のオシャレだ」

**しおる【塩る】** 大量に汗をかいた後に、着ていた服が乾いて白く塩が浮く。「おまえのシャツ、めっちゃ塩ってるわぁ」

**しけがみ【湿気髪】** 湿気により、セットが

傑作選

**【モテ期】**《もてき》 人生のなかで一番モテる時期。「30歳にしてやっとモテ期が訪れた」(あP.28)

くずれてしまった髪。「雨のせいで湿気髪になっちゃった」❖ストレートパーマや巻き髪の人が使う。[同]梅雨髪[関連]ウェブる、ウニョる

**しばピク【芝ピク】**「芝生でピクニック」の略。公園などの芝生の上で、お弁当を広げてみんなで食べたりすること。「いやー、芝ピクはまったりするねー」

**しぶはら【渋原】**「渋谷系かつ原宿系」の略。渋谷のギャルファッションと原宿系のカジュアルをミックスしたスタイル。「今年のトレンドは渋原だ」[関連]森ガール

**じぶんみがきノート【自分磨きノート】**（ファッション、ヘアアレンジ、美容など）雑誌の切り抜きを集めたノート。「私ね、今、自分磨きノート作ってるんだ～」[補注]「自分磨きノート」は、女性誌『AneCan』（小学館）の二〇一〇年一〇月号で特集されるなど、若い女性の間で関心を集めた。

**じまつ**「地まつ毛」の略。（つけまつ毛ではなく）自分のまつ毛。「私のじまつは短い」[反]つけま[関連]まつエク

[きたはら] 「つけまつ毛」が出てきたから自分の「まつ毛」を「地まつ毛」と言わなければならなくなる。「地爪」も「つけ

---

傑作選

**【モフモフ】**もふもふ　ふわふわして暖かいさま。「猫を抱きしめると、モフモフして気持ちいい」（㋯P.146）

爪」ができたからで同じだ。『あふれる新語』二〇〇ページ「じづめ」の解説参照。

**しまラー** ❶「ファッションセンターしまむら」で衣類を購入する人。❷「ファッションセンターしまむら」の服で全身をコーディネートする人。関連 ユニクローゼ

きたはら 「しまむラー」が自然なのに、あえて「む」を抜いて元の形から離す。「えだ(の)る」「はと(やま)る」など若者言葉の常套。

**ジャーしょく【ジャー食】** 茶碗を使わずに炊飯ジャーから直接ご飯を食べること。「昨日はあまりの空腹にジャー食しちゃった」❖成長期の若者に見られる。

**じゃきる【ジャキる】** 髪の毛を切りすぎる。「前髪、ジャキっちゃったよ」関連 チョる

**しゃしょう【車粧】** 電車の中で化粧すること。また、そういう人。「ブスに限って車粧をしている」

**ジャパる** 和柄などの日本的な要素をファッションに取り入れる。❖外国人に多く見られる。

**ジャル** 「ジャージ姿のギャル」の略。「ジャルは何となくだらしなく見える」

傑作選

**【桃点】**《ももてん》 限りなく赤点に近い落第ギリギリの点数。「ちょっと、今回のテスト、桃点取っちゃったんだけど」(㋯P.84)

**しょくづめ【飾爪】** ネイルアート。「○○君のお母さんがかわいい飾爪してる」

**しょみんがい【庶民買い】** ❶安いものを大量に買うこと。「この間、庶民買いしちゃった」❷セール品をよく見ないで買うこと。「それ、庶民買いだよね」関連 殿買い

**スイスマ** 「スイーツスマイル」の略。美味しいスイーツを食べるときに思わずこぼれる笑み。

**スイパラ** 「スイーツパラダイス」の略。甘い物食べ放題のお店。「あのスイパラのケーキは絶品だよ」補注「スイーツパラダイス」は、井上商事株式会社が経営するデザートバイキング店。一四八〇円で、三〇種類以上のスイーツを好きなだけ食べられるということで、中高生を中心に人気がある。ちなみに、食べ放題の制限時間は、店舗によって異なる。

**すきのこし【好き残し】** 好きな食べ物を最後まで残しておき、後でゆっくり味わって食べること。「あっ、今日の夜ごはんに肉じゃががでるんだー。よし、好き残ししよーっと」❖小さい子どもがよくやる。

**すずや【涼屋】** コンビニやスーパーなど、暑い日に涼むために行く店。「暑いから涼屋

傑作選

**【盛り食い《もりぐい》】** もりもり食べること。口いっぱいに物を入れて勢いよく食べること。「盛り食いしすぎて太っちゃたよー」(みP.54)

行かない？」

きたはら　外出中にコンビニやスーパーに駆け込んで涼むことは以前からあったが、涼むためにわざわざ行くのは大震災後の夏からか。「エアショッピング」も目的は同じ。

**スパちか【スパ地下】**　スーパーの地下にある食料品売り場。❖「デパ地下」よりも庶民的。

**すべらないつまみ**　枝豆やポテトサラダ、鶏の唐揚げなど、嫌いな人が少ないおつまみ。「まずは無難にすべらないつまみから」

**せいアレ【制アレ】**　「制服アレンジ」の略。「今日の制アレ、かわいいじゃん」関連 なんちゃ

**ぜにる【銭る】**　小銭で支払う。「財布がパンパンだから銭ろう」

**セレブがい【セレブ買い】**　欲しいものを全部買うこと。「あそこのお客さんは新作バッグをセレブ買いしていった」

きたはら　物の買い方には、買う量から見ただけでも、「大人買い」「殿買い」などいろいろある。

**セレプラ**　「セレブプライス」の略。値段の

傑作選

**【盛る】**もる　❶濃い化粧をする。❷髪の毛を立ちあげる。「このワックスよく盛れる」❸量が多い。❹実際よりも大げさに話す。「その話は盛ってるよ～」(㋯P.55)

高い商品。「この洋服は、セレプラだから汚せないの」

**せわにく【世話肉】** 自分が食べようと思って、丹精を込めて焼いた肉。「父さん、それ僕の世話肉だよっ！」関連 育てる

**ぜんチャ【全チャ】** 服のファスナーを全部閉めていること。❖中学校一年生に多い。

**そだてる【育てる】** （焼肉屋で）自分専用の肉を焼く。「私がこの肉育てるから触らんといてー」関連 世話肉

**たびぐい【旅食い】** 旅行に行っておいしい物をたくさん食べること。「旅食いして二キロも太ったんだ」

## だるぎ【だる着】

スウェットやジャージなど、だらけた服。「家ではだる着でいいや」

**だんしゃり【断シャリ】** ご飯やパン、麺類などの炭水化物を抜くダイエット。低炭水化物ダイエット。補注「断捨離」は、不要なものを断ち、捨てることで、ものへの執《しゅう》着《ちゃく》から離れ、身軽で快適な生活を手に入れようとする考え方。

きたはら 「断捨離」も最近注目されるようになった言葉だが、そのもじり。「断

傑作選

**【モンペ】** 「モンスターペアレンツ」の略。自分の子どものことを思うあまり、周囲が見えなくなっている親。❖クレーマーになることが多い。（あP.143）

捨離」には「ダンシャる（断捨離する）」「ダンシャリアン（断捨離に目覚めた人）」などの派生語があるが、「断シャリ」はそこまで使いこなされてはいないようだ。

**たんプレ【誕プレ】**「誕生日プレゼント」の略。「誕プレ、何がいい？」

**ちゃいろべんとう【茶色弁当】**揚げ物など冷凍食品が多用され、彩りに乏しい弁当。

**ちょびちん【ちょびチン】**電子レンジで少しだけ温めること。

**ちょる【チョる】**「チョッキンする」の略。髪の毛を刈り上げる。「彼は野球部で髪の毛をチョる予定だ」関連 ジャキる

**つけま**「つけまつ毛」の略。反 じまつ 関連 まつエク

**つゆがみ【梅雨髪】**梅雨時に、湿気のせいでうねったり、まとまりにくい状態になった髪。「今日は梅雨髪で不愉快だ」同 湿気髪《しけがみ》 関連 ウェブる、ウニョる

**つんから【ツンカラ】**「ツンとくる辛さ」の略。ワサビやカラシのように鼻にツンと抜ける辛さ。「めっちゃ、ツンカラや～」

傑作選

**【病み期】**《やみき》　うまくいかないことが立て続けに起きて、気分が下がる時期。「マジで病み期突入！」(あP.227)

**てぃカチェ【ティカチェ】** 「低カロリーのドルチェ」の略。「新しいティカチェが発売されたよ」❖ドルチェ（dolce）は、甘みやスイーツを意味するイタリア語。関連 どれチェ

**てんしんらんまん【天津爛漫】** 中華料理でたくさんの品が並んでいるさま。

**とうにゅう【糖入】** 糖分を摂取すること。「勉強しすぎて疲れたから糖入しよう」

**とのがい【殿買い】** 商品を大量にまとめて買うこと。「あんな大企業を一気に買収するとは、まさに殿買いだ」❖「大人買い」よりもさらに豪快な買い方。関連 庶民買い

**どれチェ** コンビニやスーパーで、どのドルチェを買おうか迷うこと。「最近は深夜のどれチェが日課です」関連 ティカチェ

**とんそつ【豚卒】** ❶ダイエットに励み、豚のような体型から卒業すること。「なんとしても豚卒するわ」❷ダイエットのため、豚肉を食べるのをやめること。関連 ヤセ活

# ナチュラルワックス

頭髪をぺたっとさせる汗や皮脂。「ナチュラルワックスがすごいことになってる

傑作選

**【指恋】**《ゆびこい》 ❶好きな人とメールのやりとりをすること。❷メールのやりとりを重ねるうちに、いつしか恋愛関係に発展すること。(あP.29)

よ」❖二、三日頭を洗わないと発生する。

**ナビがい【ナビ買い】** 回る店の順番などを事前に調べ、何を買うか決め込んでから買い物に行くこと。「ナビ買いしなかったから、こんな遅くなってしまった……」

**なまぐつ【生靴】** 靴下を履かずに素足で靴を履くこと。「雨で靴下が濡れちゃったので、帰りは生靴だ」

**きたはら** 「なまあし（生足）」は『明鏡国語辞典　第二版』に採録した。「なまあし」で靴を履く意の造語だろうが、いささか無理がある。そんな男のタレントがいた。

**なんちゃ** 「なんちゃって制服」の略。私服の高校の生徒が着る、制服を模した服。プリーツスカートにリボン、またはネクタイをゆるく締めたブレザースタイルが定番。関連 制アレ

**にくにくしい【肉々しい】** ❶肉料理がたくさん並んでいるさま。「今日のお弁当は、肉々しい」❷筋肉がたくさんついているさま。また、そういう人。「あの人、肉々しいね」

**ぬるちゅうか【温中華】** 温くなり、伸びてしまった冷やし中華。「ほらっ、早く食べないから温中華になっちゃったでしょ！」

傑作選

**【夢オチ】**《ゆめおち》 小説やマンガで、今までの物語がすべて誰かの見ていた夢だったという結末になること。（みP.163）

**ノブかわ【ノブカワ】**「ノーブルでかわいい」の略。かわいらしさの中に、高級感のあるさま。「この靴、ノブカワだ」

**ばけかわ【ばけカワ】** 化粧によってかわいくなったこと。「あの子、めっちゃばけカワじゃない？」関連 朝化け

**はっこう【発酵】** 汗で濡れた衣服をほったらかしにして、数日後にとてもキツいニオイになること。「その体操服、発酵してない？」❖夏場に多く発生する。

**はねもみ** 「はねたもみあげ」の略。「はねもみの力士は強そうだ」

**ばらめし【バラ飯】** 家族バラバラの食事。「今日、うちはバラ飯の日だから、一緒に飲みに行こう」関連 釜る

**バリーぼんず** バリカンで坊主頭にすること。また、その人。「思い切ってバリーぼんずにした」❖「坊主（ぼんず）」と「バリー・ボンズ」を合わせた造語。関連 五厘祭、寂聴る 補注 バリー・ボンズは、二〇〇七年に引退した元メジャーリーガー。史上最多、七度のMVPを獲得。

傑作選 **【百合】**ゆり　女性同士の恋愛。レズ。（みP.108）

**ハングラー** ❶韓国が好きな人。❷ハングルが読める人。

**はんドア【半ドア】** あさりやしじみなどの二枚貝で、鮮度が落ちてピタッと閉じていない状態。「半ドアの貝にはちゃんと火を通せよ」

**ぱんバ【パンバ】**「パンパンなバッグ」の略。はち切れそうなほど物がたくさん入った鞄。「うわー、パンバだねー、重そー」

**ひとぶら**「一人でぶらぶら」の略。ショッピングや散歩など、一人ぶらぶらと歩き回ること。

**ひめかわ【姫カワ】** お姫様のようにかわいらしいこと。「このペン、姫カワ」

## びろのび【ビロ伸び】

Tシャツなどの襟《えり》がビロビロに伸びてしまうこと。

**ふたごコーデ【双子コーデ】**双子のように同じような格好をすること。「東京って、双子コーデ多いよね」❖「コーデ」は「コーディネート」の略。

**ぷちる【プチる】**（アイプチなどの）化粧品を使って、一重まぶたを二重にする。関連

傑作選 **【ゆるキャラ】**「ゆるいキャラクター」の略。「ゆるキャラ見てると和むよなー」(あP.227)

目細工

**ふとまき【太巻き】**（女子高生などが）丈を短くするためにスカートのベルト部を折りすぎ、腰の辺りが太くなっているさま。関連 あげスカ

## ふみばき【踏み履き】

靴のかかと部分を踏んで履くこと。「踏み履きの跡がくっきりついてしまった」きたはら 言われてみればその通りだが、何というのか知らなかった。

**フライアウェイ** セーラー服の襟が折れて飛んでいるように見えるさま。「あっ、その襟フライアウェイしてるよ」

**プリだま** プリクラの写りと実物のギャップがとても大きいこと。「期待して会いに行ったのに、プリだまだったよ」❖「プリクラにだまされた」の意から。

**プリポー** 「プリクラポーズ」の略。プリクラを撮るときにかわいく写るようポーズを取ること。また、そのポーズ。「気合い入れてプリポーしなきゃ」

**べつばら【別払】** 商品を友達などと、お金を半分ずつ出しあって支払うこと。「この



傑作選 **【ラブい】** カップルが仲むつまじいさま。「もう3年も付き合っているのに相変わらずラブいなー」（あP.30）

ペアストラップ、別払して買わない？」❖金額が割りきれないときは、ジャンケンなどで、残りを払う人を決める。

きたはら　「べつばら」と言えば、普通「別腹」を思う。「払い」を「はら」と略しては意味が通じなくなる。無理な省略をして元の形と離すのが若者言葉の特徴。それにしても「べつばら」は語呂がいい。

**ポイちょ【ポイ貯】**　ポイントカードにポイントを貯めること。「今日もコンビニでポイ貯したよ」

きたはら　「ポイ探」という言葉はある。また、それを専業とする「ポイ探」という名の会社もある。しかし、「ポイ貯」は、みんなしていることなのに言葉は新しい。「ポイ捨て」のもじりか。

**ほうしょく【崩食】**　乱れた食生活。「母が病気で倒れて以来、我が家は崩食の時代に入った」

**ボカロ**　「ボーカロイド（VOCALOID）」の略。「最近は、ボカロの曲ばかり聴いている」❖「初音ミク」が有名。［関連］両声類　［補注］VOCALOIDは、ヤマハが開発した音声合成技術。メロディーと歌詞を入力すると、サンプリングされた人の声をもとにした歌声を合成することができる。

傑作選　**【リア充《リアじゅう》】**　（リアルな）実生活が充実している人。（あ P.227）

ファッション

**ホスげ【ホス毛】** ホスト特有の髪型。前髪を長くたらし、目と目の間に先端がくるように固めた髪型。「最近はホス毛の中学生が増えている」

**ぽんラー【ポンラー】** ポン酢が大好きな人。「私、ポンラーです」

**まつエク** 「まつ毛エクステンション」の略。まつ毛を多く見せるために、専門ののりでまぶたの際につける人工のまつ毛。「まつエク付けるの意外と難しい」関連 じまつ、つけま

**ミルフィーユ** 部屋が散らかり、雑誌や洋服などが層になっているさま。「机の上がミルフィーユ」補注「ミルフィーユ」はパイ生地を重ね、その間にクリームなどを挟んだ菓子。

**めざいく【目細工】** 一重まぶたの人が専用ののりなどを使って、二重まぶたにすること。「さーて、今日も目細工しなくっちゃ」関連 プチる

**めんとり【面取り】** ❶化粧を落とすこと。素顔に戻ること。「お風呂で面取りしてくる」❷素の自分に戻ること。「面取りするとほっとする」関連 夜獣

傑作選 **【リアルフェイス】** 素顔。すっぴん。(あP.228)

**もえかわ【萌えカワ】** キュンと胸が高鳴るほどかわいいさま。また、そういう気持ちにさせる物。

**もこる【モコる】** 衣服を何枚も重ね着して、着膨れする。「君、今日はとてもモコってるね」

きたはら 「もこもこ」「もっこり」などの「もこ」の動詞化。オノマトペは微妙だ。

**モニる** （ファミリーレストランや喫茶店などで）モーニングのメニューを食べる。「今週末は、みんなでモニろう！」

**もりガール【森ガール】** ❶森の中にいそうな女の子。❷①をテーマにしたファッションスタイル。「あの子も森ガールだね」❖ふんわりとした緩《ゆる》めのワンピースを好むことが多い。関連 海ガール、渋原、山ガール 補注 ②は、『sweet』や『SPRiNG』（いずれも宝島社）など、いわゆる「青文字系」のファッション雑誌が提案する女性のファッションスタイル。ガーリーでカジュアルなファッション。原宿や渋谷を情報発信地とするものが多い。

**もりブラ【盛りブラ】** 本来よりも大きなサイズのブラジャーを着けて、おっぱいを強調すること。「今日は彼氏に会うから盛りブラなの」関連 偽パイ

傑作選 **【リピる】** リピートする。「この曲ずっとリピってた」（み P.57）

**やじゅう【夜獣】**（帰宅後に）化粧を落とした状態の顔。「姉が夜獣に変身していた」❖朝、化粧をした「美女」の状態と比較した表現。関連 面取り

**やすかわ【安カワ】**「安くてかわいい」の略。「安カワアクセ（安くてかわいいアクセサリー）」

**やせかつ【ヤセ活】**「痩せるための活動」の略。ダイエット。「私、今日からヤセ活宣言します！」関連 豚卒

**やまガール【山ガール】**❶登山が好きな女の子。❷登山用の服をかわいらしく着こなす女の子。「山ガールといえば、山スカート」関連 海ガール、森ガール

**ユニバる**　ユニバーサル・スタジオ・ジャパン（大阪市此花区にあるテーマパーク）に行く。「昨日、ユニバってきたんだ」

**ユニばれ【ユニバレ】**着用している服がユニクロで買ったものだとバレること。「ユニバレしないように着こなすのが、本当のおしゃれだ」

傑作選

**【老働】**《ろうどう》　定年を過ぎた年代の人が、年金だけでは生活費をまかなえないという理由で働くこと。（あP.119）

ファッション

**ゆるかわ【ゆるカワ】**
「ゆるくてかわいい」の略。「今日の服、ゆるカワコーデなんだ」❖ゆとりのあるワンピースやズボンなど、女の子の服装について使われる。

**ラスがい【ラス買い】** セールなどで、終了ギリギリまで待って買うこと。「買いすぎないようにラス買いしよう」

きたはら　「ラス」は「ラスト」の略。四章にも「ラス頑」「ラス5」「ラススパ」などを載せたが、一音の省略で元の形につながりにくくなる。

**リバポー** 「リバウンドピープル」の略。ダイエットに挑戦するたびに失敗してリバウンドしている人。

**リピがい【リピ買い】**
「リピート買い」の略。気に入ったものを繰り返し買うこと。「これ使いやすいから、リピ買いするわ」

**りゃくべん【略弁】** 冷凍食品ばかりのお弁当。「うちの母ちゃんはいつも略弁だ」

**レトる** レトルト食品を食べる。「作るのが面倒だから、レトった」

傑作選　**【ローカる】** 各駅停車の電車に乗る。「今日は急行に乗ろうか、ローカろうか」(㋯P.57)

**わんこがい【わんこ買い】**（わんこそばをたいらげるように）次から次へと買い物カゴに商品を放り込むこと。「わんこ買いならまかせて」❖セールの会場などでよく見られる。

**きたはら** 「わんこそば」を次々にお代わりするのと商品を次々に買い物カゴに放り込むのとはずいぶん違うように思うが、ならば、何と呼んだらいいか。かわいらしい言葉ではある。

傑作選

**【ワキシュー】**わきシュー　制汗剤やデオドラントなど、体臭などの悪臭を防ぐもの。「汗かいちゃった。ワキシュー貸して」（㋯P.88）

付録

「みんなで国語辞典」番外編

# 著名人が辞書に載せたい日本語

20名の著名人による書き下ろし！

語釈・用例にコラムを加えて特別収録。

いっこく堂(腹話術師)

## 【ヴォイスイリュージョン】

もともと腹話術と呼ばれていた芸を、さらに進化させたパフォーマンス。❖腹話術は、一人で人形を操りながら唇を動かさずに声を出し、まるで人形がしゃべっているかのように見せる術。寄席などで演じられることが多い。

＊＊＊

今までの腹話術は、子どもの人形を一体だけ操り、高い声を出して演じられることが多かった。また、破裂音（閉鎖音）と呼ばれる「マミムメモ」「バビブベボ」「パピプペポ」は、口を閉じたままでは発音できないため、違う音に置き換える必要があった。

このような技術的な限界を克服し、高音から低音まで、さらに破裂音も自在に発することで、ヴォイスイリュージョンの世界は開かれた。

たとえば、複数体の人形を操って会話をしたり、口の開閉する腹話術人形ではなくマネキンを相手にドラマを演じたり、ときには、物や機械が人格をもっているように見せたり、人形を使わずに声だけでキャラクターを演じ分けたりと、パフォーマンスの幅は格段に広がり、舞台だけでなくテレビでも通用する芸となった。

さらに、英語の「P音・B音・F音」も正確に発音することによって、世界中でパフォーマンスできるエンターテイメントへと昇華。今では映像との掛け合いやものまねなど、ヴォイスイリュージョンは進化を続けている。

## 藤井青銅（放送作家・作家）

### 【FOする】エフオーする

宴席や会議・会合、行事などで、周囲にことわらず、いつの間にか退席する。❖本来は演出用語の「フェード・アウト（fade out）」で、音楽や映像がゆっくり消えていくこと。業界では普通、略して「FO」と呼ぶ。転じて、実生活にも使われるようになった。「ドロンする」の言い換え。

＊＊＊

FOしたい理由は色々ある。

だらだらと長いから。最後まで居ても実りがないとわかっているから。嫌なやつがいるから。次の予定があるから。早く帰りたいから……。ならば最初から出席しなければいいのだが、そうはいかない浮世の義理というものがあるのだ。そして、「私、中途退席します」と切り出しにくい空気もある。

ただいつの間にか消えるだけなら、そう難しくはない。ポイントは「あいつはたしかにあの場にいた」という印象を残しておいて、なおかつ「いつの間にか消える」ということなのだ。

ゆえに、FOを目論《もくろ》む場合はたいてい、人目をひく発言をしたり、大声を出したり、意識的にキーパーソンと会話を交わしたりして、あらかじめ周囲の印象を強くしておくものだ。まるで完全犯罪のためのアリバイ作りみたいだなぁ……。

もっとも、本人はそうしたいわけではないのに、いつの間にかその業界からFOしてしまう……というケースも、ままあるのだが。

## 野澤亘伸（カメラマン）

**【追い込み】**おいこみ

グラビアの撮影の現場で、モデルの気持ちの壁を破るために一気の集中力で激しくシャッターを切ること。これまでにない表情を引き出すために用いる。❖狩りで獲物を逃げ場のない状況へと追いつめていく心理から来ている言葉。

＊　＊　＊

ナチュラルでやさしい表情を求める撮影が多いグラビアの現場だが、編集者はこれまでにないモデルの一面を引き出すことを常に要求している。それは読者心理の代弁でもあり、特に週刊誌などでは見慣れた感のあるものを嫌う。一枚の上がりは良くても、それが単にモデルのよく見せる表情・ポーズであったのでは写真の鮮度としては低いものになり、読者に飽きられてしまう。また、経験の長いモデルの場合、モデルが撮らせたい顔・ポーズを撮らされてしまうこともある。グラビアでは最も避けなければならない状況である。

記憶に残る写真というものは、予測の範疇《はんちゅう》にないものを写し込んだものである。新しい視点・価値観を与えるということでもある。グラビアの中にそれを見いだすためには、カメラマンとモデルの個としての向き合い方が不可欠になるのだ。そのためにカメラマンはモデルを追い込む。被写体は迫りくるシャッター音の中で防御を失い、自らを曝《さら》け出す。そして追われるのではなく、この相手にならば何を撮られてもいいという感情に包まれる瞬間、至高の一枚が切りとられるのだ。

## 柳家花緑（落語家）

**【乙だね】**おつだね

ちょっと変わったものに、おもしろさやあたらしさを感じたときに用いる語。❖より丁寧な言い方に「乙ですね」がある。「甲乙」に由来するが、「甲だね」とは言わない。

＊＊＊

江戸時代、野暮からの脱却をはかろうと、通人《つうじん》と呼ばれる人々が「粋」なことをして文化を高めようとした。彼らは気持ちや身なりがサッパリとした、あかぬけた心意気を「粋だね」と褒めた。藍染の暖簾《のれん》や老舗《しにせ》のそば屋、また屋形船から見る花火などは、まさに「粋」。しかし、世の中「粋」なものばかりでは、息が詰まってしまうかもしれない。「乙なもの」を発見する想像力も必要だ。

「粋だね」と「乙だね」は方向性が違う。たとえば、寿司を醤油ではなく柚子胡椒をつけて食べてみて美味しかったときには、「粋だねぇ」ではなく、「乙だねぇ」がしっくりくる。組み合わせの斬新さを褒《ほ》め、ある種の冒険を称賛しているのだ。

焼きそばパン、いちご大福、ピザまん、さらにはカップヌードルに牛乳をかけてクラムチャウダー風味。これらは全部「乙」なもの。テレビで見るオカマたちも、柄のシャツに柄のネクタイに柄のジャケットを合わせるのも、女性用のふんどしも「乙」。そして、現代の「乙」を代表するのがレディー・ガガ。あのファッションは、「乙」以外の何ものでもない。

色んなものを否定するのをやめて、肯定的に「乙だね」と褒めてみてはいかがでしょうか！

古澤健（映画監督）

# 【オリン】

シナリオの構成要素のひとつで、悲しげな音楽が流れる、別れの場面など。「ここはオリンをこする場面だね」❖オリンは「バイオリン」に由来する。

＊＊＊

かつて、日本ではいくつかの主要映画会社が工場のように映画を大量生産していた。その時代にはそれぞれの会社の特色が作品に色濃く出ていた。人情物が得意な会社もあれば、アクションを売りにする会社もあった。であるからシナリオの作り方についても会社ごとに違っていた。

僕自身が「オリン」という言葉を知ったのは、東映出身の脚本家・笠原和夫のエッセイによってである。氏はこれを「娯楽映画の骨法《こっぽう》十ヶ条」のひとつとして紹介している。松竹出身の脚本家・田村孟によれば、この十ヶ条の中には松竹では聞いたことのない項目があるらしい。往時はこのような特殊な用語が映画会社ごとに使われ、継承されたのだろう。ただ「オリン」はかなり特殊な隠語であるが、十ヶ条の他の項目、「ヤマ」「オチ」などは映画に限らない劇作の用語として現在では一般的であろうし、キャラクターにとっての弱点などを指す「カセ」は「枷」であり、語源としてはそれほど特殊ではないかもしれない。

僕と一緒にシナリオを作るスタッフは、普段は使わないこのような用語を（多少の恥じらいを含みつつ）あえて使ってみたりする。映画作りは集団作業であるが、先人との共同作業でもある。

## 冲方丁（作家）

### 【カンヅメ】

編集者が、作家を宿泊施設に長期滞在させ、執筆に専念させること。❖「カンヅメになる」「カンヅメ中だ」という用法が一般的である。

＊＊＊

逃げ場がないさまを缶詰に封入されることに喩《たと》えたもので、昨今では小説家のみならず脚本家や漫画家、映画監督なども同様の憂き目に遭うことがある。一説によれば、編集者の催促から逃げ続ける作家に原稿の続きを書かせるための最後の手段として、「旅館に詰めさせる」ことを「館詰め」と称したことが始まりであるという。

これがやがて「缶詰」に引っかけたニュアンスで一般的に認知され、昨今では「カンヅメ」とカタカナで表記されることが多い。当然、カンヅメ中は原則として、宿泊施設を手配した編集者が担当する作品以外のものを書いてはならない。

実は、筆者も今まさにカンヅメになっており、本来書くべき作品をよそにこの文章を書いていることが知られたらと思うと、肝が冷える。

ただ、かつては出版社が本気さを見せつけて作家を観念させる奥の手であったが、雑念なく執筆が進むという確かな効果が認められるようになると、むしろ自主的にカンヅメになる者も現れるようになった。自宅に書斎があるにもかかわらず自腹を切ってカンヅメになる者もいれば、海外のリゾート地に長期滞在し、編集者や読者の存在すら忘れて悠々自適な開放的カンヅメを満喫する者もいると聞き、大いに羨《うらや》ましいのである。

## 片上平二郎（社会学者）

# 【キャラ】

「キャラクター」の略。❶個人のもつ性格や属性。❷フィクションの世界における登場人物。

＊＊＊

大学生が書くレポートや卒業論文を見ていると、最近、気になる傾向の変化があった。これまでは、ファッションや化粧について雑誌や広告を素材に考える内容が多かったのだが、オタク文化やアイドルを素材にして「キャラ」ということについて考える内容が徐々に増えてきている。自分自身と他人や社会の関係を考えるときに「キャラ」的な感覚が大きな意味をもってくるのだろう。彼らはアイドルやアニメキャラの振る舞いに、自分自身をどこかで重ね合わせているのだ。

ファッション論の場合、その前提には「本当の（素の）自分」があって、そのうわべを自分の目指す「モデル」の姿に似せていくことが問題になる。それを考察するということは華やかな「仮面（ペルソナ）」とその裏にある「本当の自分」の関係を問うようなものだった。これに対して、キャラ論では、むしろ自分の「内面」すらも相手や世間に合わせて加工しようとすることが問題とされている。ここには自己像の変化がある。「キャラクター」がもつ二つの意味、①と②は入り混じりはじめている。また「本当の自分」よりも、自らもまた虚構的なものであるという感覚の方が考察の対象になってきている。キャラ的な感覚に彩られた世界は、一見楽しげだが、そこには同時に独特のしんどさもありそうだ。

## 福重久弥（伝統工芸士）

**【くらわんか碗】**《くらわんかわん》 ❶くらわんか船で用いられた食器。❷江戸時代の庶民向けの食器。❸①を模して作られた食器の総称。

＊＊＊

器にまつわる話です。

江戸時代、大阪と京都を結ぶ淀川を行き来する大型廻船に近づいて、船員や乗客に食べ物や酒を売る小舟がありました。通称「くらわんか船」と呼ばれる煮売り船です。

「餅くらわんか、酒くらわんか」

こんな売り声で淀川をゆく人々を喜ばせたそうで、その様子は歌川広重の浮世絵「京都名所之内淀川」に残されています。

「くらわんか碗」というのは、船上でも使えるように工夫され、安定感があって、とても丈夫な磁器です。やや灰色がかった素地《そじ》に、付け立て筆でさっと描かれた文様が温かみを感じさせます。

私の住む長崎県波佐見町では、一六〇メートルを越える世界にも類を見ない登窯《のぼりがま》が何基も発掘されています。くらわんか碗は、これらの窯で大量に生産され、庶民の間に広まりました。それまで裕福な人々の持ち物だった磁器が、日用食器として広く用いられるようになったのです。くらわんか碗は、元禄期のベストセラー商品といえます。

私も、先人たちの夢と汗を思いながら、だれにでも気軽に使ってもらえる食器を、心をこめて作っていきたいと思っています。それが「くらわんか碗」の心だから。

## きじまりゅうた（料理研究家）

# 【サシカエ】

テレビの料理番組などで「三〇分煮たものがこちらです」と言われた後に登場するもの。また、それによって作業時間を短縮すること。❖テレビ番組だけでなく、雑誌や書籍の撮影時や料理教室などでも用いられる。フキカエともいう。反 通し「ここはサシカエせずに通しで見せましょう」

＊＊＊

三分間で手の込んだ料理を最初から最後まで紹介するというのは不可能である。どんなに手際が良くても、三分でできる料理は少ない。しかし現にそんなテレビ番組が成立している。そこで活用されているのがサシカエだ。一ヶ月かかるような漬物でも「一ヶ月漬けたもの」のサシカエさえ用意すれば三秒で紹介できる。サシカエは時間を超越するための知恵である。

しかし作り手にとってサシカエの準備は楽ではない。サシカエの分だけ材料を揃えなくてはならないし、それだけ調理にも時間がかかる。サシカエを三回用いる場合、用意する材料は四倍になる。また、サシカエは出演者一人ではできない。ちょうど良いタイミングでサシカエを出してくれるスタッフがいてはじめて成立する。三〇分蒸してふっくらしているはずのサシカエが、登場するタイミングで冷めてしぼんでしまっていたら、それまでのプロセスが台無しだ。

ある人が「優雅に泳ぐ白鳥も水面下では必死に足を動かしている」と言ったように、スムーズな進行にはそれなりの準備や努力が必要なのである。

## 明川哲也（作家）

### 【シロ】

一九二九年に発売された国産ウイスキー第一号「サントリーホワイト」の愛称。❖角瓶は「カク」、オールドは「ダルマ」の愛称で親しまれた。

＊＊＊

大学を出るころ、ゴールデンの名が付く街の、一〇人も入ればいっぱいになる店で、バイトのバーテンダーとして一人奮闘していた。そこでの経営者からのお達しが「カク五〇、ダルマ五〇のシロ四〇」だった。

ウイスキーのボトル一本から何杯の水割りを作ることができれば店の儲《もう》けは大台に乗るのか。目安として「カク」なら五〇杯、「ダルマ」なら五〇杯、「シロ」なら四〇杯とされ、その感覚をつかめば一人前のバーテンダーとみなされた。

シロは一本、六四〇ミリリットル。水割り一杯あたりの適量はシングル（約三〇ミリリットル）という常識に合わせれば、二〇杯程度しか作れない。これでは商売にならない。だが客はシングルの味わいを舌で記憶しているから、薄めるわけにもいかない。そうすると、グラスにたっぷり氷を入れることになる。

ウイスキーも水も入る余地がないほど強引に詰め込む。そこにシングルの半分も注げば、あら不思議、グラスの三分の二ほどもウイスキーを入れたように見える。そこに少量の水を加えて出来上がり。四〇杯達成で一本のシロから一万円を越える純利。数十人の酔っぱらい、そして文字通り、水商売の完成でもあった。

藤原龍一郎（歌人）

## 【短歌結社《たんかけっしゃ》・俳句結社《はいくけっしゃ》】

同じ理念で短歌や俳句をつくる人たちの集団。主宰の指導の下に、機関誌を発行する。佐佐木信綱創立の短歌結社「竹柏会」、高浜虚子が創刊同人であり長く主宰として君臨した俳句結社「ホトトギス」など、すでに一〇〇年を超える歴史をもつ結社もある。

＊＊＊

「結社」という言葉自体は「同じココロザシをもつ人の集団」という意味で、既成の辞書には載っている。しかし、日常的に「結社」という言葉を会話などでつかう場面はめったにないのではないか。結社という言葉から連想するのは「悪の秘密結社ショッカー」とか「旧ナチスの残党の結社」とか、あまり良いイメージではない。

ところが歌人、俳人の世界では「私の所属結社は××です」「あなたはどこの結社に入っているんですか?」等々の会話は挨拶としてかわされる。「うちの結社は」「おたくの結社は」と喫茶店で大声で会話して、隣席の人に変な目で見られることなどしばしばある。

短歌や俳句の結社にいちばん似ているのは相撲部屋である。師匠（主宰者）を頂点とするピラミッド型の組織。世話焼きな先輩の口車にのせられて入れられやすい。一度この世界に入ってしまうとイヤでもなかなか抜けられない等々、さまざまな点で、相撲部屋と共通するのではないか。いわゆるカワイガリがあるかどうかは、私の口からはいえない。

宇多丸（ラッパー）

## 【ディスる】

貶《けな》す。「アイツお前のことディスってたよ」「ディスされたら返すのが筋だ」❖disrespectに由来。本来は米国のヒップホップ・スラングだが、日本のラップシーンを経由して「半日本語化」、近年若者の間などで一般的に定着しつつある。「ディスする」などサ変動詞的にも使われる。

＊＊＊

「日本語化」への最大のきっかけとなったのは、キングギドラの超キャッチーなディス曲『公開処刑』（二〇〇二年）ではないかと思われる。

通常の音楽ジャンルとは大きく異なるヒップホップならではの特色として、プレイヤー同士が曲やパフォーマンス（や、ときには実力行使）を通して常に「バトル」することでシーンを勝ち残ってゆくという、ある種スポーツにも近いゲーム的側面がある。ラッパーがしきりと他者を攻撃するのは、まさにこの「ゲームの規則」ゆえなのだ。

逆に、外部から見てもっとも奇異に映るであろう要素だからこそ、当初は揶揄《やゆ》混じりのニュアンスで、若者言葉に「流入」しやすかったのかもしれない。

ちなみに、激しいディスの応酬がなされるような「諍《いさか》いがある状態」のことを「（両者の間には）ビーフがある」などと言うが、これは八〇年代の米国ハンバーガーチェーンのCMから定着した言葉で、実はヒップホップ・スラングではない。

とはいえまぁ、一ラッパーとしてはやはり、ディスられないに越したことはないのだが……。

## 星野卓也（芸人）

**【出落ち】**でおち

登場した直後に落ち（一番の盛り上がり）をむかえること。最初だけ盛り上がるが、それ以降盛り上がらないまま終わること。❖奇抜な衣装を着て登場すると、出落ちになる可能性が高い。

＊＊＊

テンション芸や一発芸を持ちネタとする芸人は出落ちの恐怖と隣り合わせだが、マシンガントークやフリップ芸を得意とする筆者の場合、出落ちの心配はほとんどない。しかし、可能性が皆無というわけでもない。舞台では何が起こるかわからないのだ。魔が潜んでいることもある……。

今から五年ほど前、新潟のとある漁港へ営業に行ったときのことだ。土地柄と関連づけて、変な名前の魚を紹介するネタをやることにした。魚のイラストを描いたフリップで、テンポよく変な名前につっこむというものだ。

いよいよ本番。司会者の紹介をうけてステージに上がる。お客さんたちはあたたかく迎えてくれた。そして、フリップをめくろうとしたとき、ハプニングが起きた。接近しつつあった台風の影響で、舞台上に突風が吹き荒れ、四〇枚のフリップを舞いあげた。その瞬間はスローモーションだった。フリップの魚たちは、ひらひらと宙を舞い、日本海の荒波にのみ込まれていった。

「魚たちは海に帰っていきましたね」の一言で、会場は大爆笑。しかし、その後に待っていたのは、用意したネタを失い、不慣れな一発ギャグで滑りまくる地獄の一五分間……。これこそ、出落ち。

## 福岡伸一（生物学者）

### 【動的平衡《どうてきへいこう》】 [dynamic equilibrium]

絶え間のない動き——たとえば構成要素の合成と分解、内部と外部とのあいだにおける物質・エネルギー・情報の移動や交換——のさなかにあるにもかかわらず、全体として一定の秩序、均衡あるいは恒常性が保たれる状態や系を指す概念。生命現象の本質。「生命をモノとしてみればミクロな部品の集合体にすぎない。しかし、生命を現象として捉えるとそれはとりもなおさず動的平衡である」

＊＊＊

一九三〇年代、生化学者ルドルフ・シェーンハイマーが、同位体元素で標識した食物をネズミに与え、身体の構成成分が絶えず高速度で入れ替わっていることを示し、動的平衡を証明した。久しぶりに会うと「お変わりありませんね」などと挨拶を交わすが、実は、私たちは絶えず「お変わりありまくり」なのである。ゆえに生物学的には約束など守らなくてもよい。

ところで、なぜ動的に更新されているにも関わらず、生命は一定の平衡を保てるのか？ それは生命を構成する要素が互いに相補的な関係を維持しつつ更新されているからである。だから動的平衡を考えるとき関係性の問題を忘れてはならない。ジグソーパズルのピースを新品に代えても、相補的関係が維持されれば全体の図柄は変わらない。そのように生命を捉えなおしたい。

動的平衡は、生態系、地球環境、あるいは人間の組織や文化のあり方にも拡張できる概念である。

蛯名健一（パフォーミングアーティスト）

## 【パフォーミングアート】

身体表現による芸術の総称。❖絵画や彫刻のように形として残る芸術作品に対し、動きのある一回性の芸術をパフォーミングアートという。ダンスや演劇などの舞台芸術のほか、大道芸やライブ演奏なども含む。

＊＊＊

久しぶりに日本に帰ってきて、電車に乗った。時差ボケした頭で周囲を見回すと、一人の女性に目が止まった。彼女はケータイでメールをしている。すさまじい早さで動く彼女の指に、ぼくはすっかり魅了され、これも立派なパフォーミングアートだと感じ入っていた。

パフォーミングアートの可能性は、いろんなところに見出すことができる。たとえば、画家の創作過程。完成した作品の美しさはもとより、それができあがるプロセスにも美しさや驚きがある。ここに、ライブ・ペインティングというパフォーミングアートの可能性がある。また、芸術家に限らず、外科医の手さばきや料理人の包丁さばき、さらには、布が風にのって空を舞う様子にも、パフォーミングアートの要素は見い出せる。

ぼくの創作スタイルは、おもしろいと思えるものを積極的に取り入れること。ダンスだけでなく、マイムや音、映像、光、マジックなどを組み合わせて作品を創っているので、ダンサーでもマイマーでもなく、「パフォーミングアーティスト」として活動してきた。だから、ぼくの作品は、ジャンルの枠組みにとらわれずに観てもらいたい。

## 久保こーじ（音楽プロデューサー）



### 【パンチ・イン／パンチ・アウト】

録音済みのトラックの一部分を修正するテクニック。再生状態から録音状態に移行することを「パンチ・イン」、反対に録音状態から再生状態に戻すことを「パンチ・アウト」という。「サビからパンチ・インしようか？」

＊＊＊

二〇年ほど前、今ではすっかり雑学王な人として有名になったお笑いタレントのH・Iさんと、一緒にCDを出したことがあります。

その頃の彼は、まだレコーディングの経験なんてありませんでしたから、スタジオ用語を理解できるはずがありません。しかし、通じないとわかっていても、ついつい口をついて出てきてしまうのが業界用語。

仕事中の真剣な表情で、ボクはガラスの向こうにいる彼に指示しました。

「サビの歌詞一行目からパンチ・インして、二行目でパンチ・アウトします」

（サビの一行目だけを録音し直します、の意）

サビからパンチ・インした彼の歌は、これまでになく素晴らしいもので、OKを出すと、ゆっくりとした足取りでボクのいるコントロール・ルームへ戻ってきました。「おつかれさま」と声をかけようとすると、満足感に満ちているはずの彼の顔色が蒼白《そうはく》……。

「どうしたの？」と彼に尋ねると、

「殴られるのがイヤなので一生懸命歌いました」

……間違ったら殴られると思ったんですね。

## 田内志文（翻訳家）

**【不可能】**ふかのう

可能ではないこと。❖たとえば、英語を習うときcatは「猫」と、deskは「机」と教わる。しかしこれは、意味を近づけようと思ってベストを尽くした結果でしかなく、ふたつの意味がイコールであるということではない。ほとんどの場合、猫とcatでは、日本人がイメージするものは別である。このイメージの差が埋まらない以上、翻訳とは不可能なものなのだといえる。

＊　＊　＊

多かれ少なかれ、英語のほうがファッショナブルだと思っている日本人は多い。いろんな店名や商品名には、対訳語があるにもかかわらず英語が使われる。「名士」の代わりに「セレブ」という言葉が使われ、「わんわん広場」の代わりに「ドッグラン」が使われる。確かに「昨日はわんわん広場に行って参りましたの」などというセレブは、どうもにせものくさい。「カーディーラー」というとなんだか高級車をたくさん扱っていそうだが、「自動車販売業者」というと、軽自動車から扱う庶民派な感じがする。こうしたネーミングもまた、翻訳不可能なイメージの差を利用したものだといえるだろう。

いつだったか「天然水アクアリキッド」という言葉を耳にした。天然水とは、言うまでもなく水のことだろう。しかし、アクアはラテン語で同じく水のことである。そしてリキッドは英語で液体の意味だ。ということは、「天然水アクアリキッド」というのは、ただの水なのではないだろうか。

大竹聡（作家）

## 【ブラックアウト・エクスプレス】

泥酔して記憶がぶっ飛んだまま乗った深夜の電車は超特急みたいにあっという間に遠くの駅に着くよ、の意。❖「ブラックアウト（記憶や意識の喪失）」と「エクスプレス（急行列車）」を結びつけた和製英語のひとつ。

＊＊＊

記憶はないが意識不明でもない酔っ払いは電車に乗って帰るくらいのことはできる。加えて、意識レベルがかなり低いことから細かいことが気にならず、深夜の満員電車を苦にしない。ぎゅうぎゅう詰めの車内に、ストレスを感じない。

こうなってしまえばシメたもので、右へおっとっと、左へおっとっと、と繰り返している間にずいぶん遠くまでたどり着くことができる。

そのため酔っ払い業界では、もうタクシーでなければ帰れないレベルの深い酔い、あるいは時間的に終電を逃すという過ちに、十分な注意を払いつつ、ブラックアウト・エクスプレスに乗ってしまえば勝ちだという「深夜の法則」がある。

しかし、難点もある。途中駅から電車が空いて、シートに座れてしまったりしたら万事休すである。ブラックアウト状態の客を乗せたエクスプレスはずんずんと、ひたすら終点を目指す。どうなるか。終点で車掌に揺り起こされるのだが、問題は終点の場所だ。

東京駅で乗って、目が覚めたら早朝の岐阜県大垣駅なんてことだって、東海道線臨時夜行快速列車「ムーンライトながら」ならあり得る。

幅允孝（ブックディレクター）

## 【面陳什器】めんちんじゅうき

本の面（表紙）を見せて陳列するための什器。「面陳かしてー」などと、スタッフ間ではやりとりしている。❖背表紙を連ねる陳列方法は「背陳《せちん》」と呼ぶ。

＊＊＊

面陳什器は、いち推しの本や売れ筋本などを目立たせるために用いられる。この什器を効果的に使用すれば、背陳と面陳の本が関係を結び、本棚にリズムが生まれる。一冊手に取ったら、隣の本も、その隣の本も！　と、どんどん面白そうな本が繋がってゆく場所が悦しい本屋だと思う。

ところで、二〇一〇年の数字だが、日本だけでも年間七万五千タイトルもの本が出版されている。一日あたり約二百冊の新刊が発売されているということだ。こうなると、誰ひとり、全ての本を読みとおすことはできない。本屋や図書館に並んでいる書籍も、なんらかの「選択」の結果であり、すべての出版物を網羅するのは到底不可能だ。

本を提案する者にとって、「どんな本を選ぶのか？」という選書が大切だが、それ以上に「選んだ本をどう差し出すのか？」という展示・プレゼンテーションの慮《おもんぱか》りも求められていると思う。差し出し方次第で、届く／届かないが決まってしまう!?

生活のあらゆる側面で小さな選択が繰り返され、現代社会は回っている。だからこそ、「面陳什器」的な差し出し方の心遣いが必要とされていると、私は思う。

## 高橋万太郎（起業家）

**【六尺桶】ろくしゃくおけ**

日本酒や醬油、味噌などの仕込みに使われる大きな桶。❖六尺は約一八〇センチメートル。今では鉄製やプラスチック製のタンクが使われることが多く、桶仕込みをしている醸造蔵《じょうぞうぐら》は少ない。

＊＊＊

昔ながらの造りを続けている醸造蔵に行くと、ずらりと並ぶ桶が出迎えてくれます。「どのくらいの大きさがあるのですか？」と質問すると「六尺桶だね」とか「だいたい三十石桶だね」という言葉が返ってきます。

あまり聞きなれない用語ですが、これらは日本で伝統的に使われていた単位で「尺貫法《しゃっかんほう》」といわれます。たとえば、ご飯を炊くときの「三合炊き」などは日常的に使われていると思いますが、長さであれば、尺・間《けん》・町・里、体積であれば、合・升《しょう》・斗《と》・石《こく》といった具合です。

時代劇などで「一〇万石の大名」などの表現を聞いたことはないでしょうか？　一石は一〇〇〇合。一回の食事に一合のお米を食べるとすれば「三六五日×三食」で約一〇〇〇合。つまり、一石は「大人一人が一年間に食べる米の量」に相当します。一〇万石であれば約一〇万人を養える規模だったと考えると分かりやすいですね。

一石は約一八〇リットルだということを覚えておいて、桶を見つけたら、「この桶は何石ですか？」と質問してみると、「よくその単位を知っているな！」と驚かれるかもしれません。

## 「著名人が辞書に載せたい日本語」 著者プロフィール

**明川哲也**（あきかわてつや）
一九六二年生まれ。早稲田大学卒。フリーライター、放送作家などを経て、一九九〇年から「ドリアン助川」名義でロックバンド「叫ぶ詩人の会」にて活動。九九年に解散後、三年間ニューヨークに滞在し、二〇〇三年から「明川哲也」名義で創作を開始。著書に『夕焼けポスト』（宝島社）、『大幸運食堂』（PHP研究所）など。

**いっこく堂**（いっこくどう）
一九六三年生まれ。沖縄県出身。本名は玉城一石。高校卒業後に舞台俳優を目指し上京。一九九二年、劇団民藝を休団し独学で腹話術を開始。二〇〇〇年のラスベガス公演後、全国ツアーをスタート。その後、アメリカ・ヨーロッパ・アジアなどで海外公演も多数行っている。

**宇多丸**（うたまる）
一九六九年生まれ。人気ヒップホップ・グループ「ライムスター」のラッパー。また映画、アイドル、ゲーム、本など、あらゆるテーマを語り尽くす、ギャラクシー賞受賞のラジオDJ。レギュラーに、TBSラジオ『ライムスター宇多丸のウィークエンド・シャッフル』など。

**冲方 丁**（うぶかたとう）
一九七七年生まれ。『マルドゥック・スクランブル』（早川書房）で日本SF大賞を受賞。『天地明察』（角川書店）で本屋大賞、吉川英治文学新人賞などを受賞。同作で直木賞候補に。小説、マンガ、アニメなどメディアを横断して活躍している。

**蛯名健一**（えびなけんいち）
二〇歳で渡米。日本人で唯一、ニューヨークのアポロシアターで二度の年間チャンピオンに輝く（二〇〇一年、〇七年）。マイムやイリュージョン、音や照明効果、映像など、さまざまな要素を取り入れた独自のパフォーマンスを確立し、世界各国で活躍中。

**大竹　聡**（おおたけさとし）
一九六三年生まれ。出版社、広告会社を経てフリーライターとなり、二〇〇二年に雑誌『酒とつまみ』を創刊。雑誌記者を続けながら酒・酒場関連のエッセイ・小説なども執筆。近著は『下町酒場ぶらりぶらり』（本の雑誌社）、『酒呑まれ』（筑摩書房）。

**片上平二郎**（かたかみへいじろう）
一九七五年生まれ。立教大学文学部、大学院文学研究科助教。専門は理論社会学（主に批判的社会理論）、現代文化論など。主な論文に「アドルノの「伝統」概念」（『社会学評論』五九巻第三号、有斐閣）、「テロは芸術か？」（『大航海』五四号、新書館）など。

**きじまりゅうた**
一九八一年生まれ。立教大学卒。母である杵島直美の元でアシスタントを経て独立。若い世代のリアルな目線で作る手軽なアイデア料理を、テレビや雑誌・書籍などで紹介している。自身のブログ「ダイドコログ」も公開中。近著に『すぐウマ料理』（角川マガジンズ）など。

**久保こーじ**（くぼこーじ）
一九六四年生まれ。小室哲哉の一番弟子として、trfや安室奈美恵をはじめ、多くのアーティストの作曲・編曲にたずさわり、自身でも天方直実、知念里奈などををプロデュース。現在、Nol GalersやCLUBFOLKなど様々なバンド・ユニットでも活動中。

**田内志文**（たうちしもん）
一九七四年生まれ。翻訳者として『Good Luck』（ポプラ社）、『レインボーマジック・シリーズ』（ゴマブックス）などを手がける他、『ろうそくの炎がささやく言葉』（勁草書房）、e-literature (www.e-literature.com) などにオリジナル作品も発表している。元スヌーカー日本代表選手でもある。

**高橋万太郎**（たかはしまんたろう）
一九八〇年生まれ。群馬県出身。立命館大学卒。二〇〇

七年に伝統デザイン工房を設立。一升瓶での販売が一般的だった蔵元仕込みの醬油を一〇〇ミリリットル入りの小瓶で販売する「職人醬油.com」を主宰。これまでに全国の三〇〇以上の醬油蔵を訪問した。

**野澤亘伸**（のざわひろのぶ）

一九六八年生まれ。上智大学卒。一九九三年より光文社の写真週刊誌『フラッシュ』の専属として主に報道取材を中心に活動を始める。二〇〇〇年より日本ユニセフ協会の現地視察に同行。〇二年よりタレント写真集、グラビア撮影を開始する。

**幅　允孝**（はばよしたか）

BACH（バッハ）代表。ブックディレクター。人と本がもうすこし上手く出会えるよう、様々な場所で本の提案をしている。羽田空港「Tokyo's Tokyo」などショップでの選書や、千里リハビリテーション病院のライブラリー制作など、その活動範囲は多岐にわたる。（www.bach-inc.com）著作に『幅書店の88冊』（マガジンハウス）がある。

**福岡伸一**（ふくおかしんいち）

一九五九年生まれ。京都大学卒。青山学院大学教授。生物学者。サントリー学芸賞受賞の『生物と無生物のあいだ』（講談社）をはじめ、『動的平衡』『動的平衡2』（ともに木楽舎）など、「生命とは何か」を動的平衡論から問い直した著書多数。他に『フェルメール 光の王国』（木楽舎）など。

**福重久弥**（ふくしげひさや）

一九五二年生まれ。伝統工芸士。明治大学卒業後、中村平三氏に師事し、ろくろ成形をはじめる。二〇〇〇年に「波佐見焼伝統工芸士」に認定。〇一年に長崎県波佐見町に築窯（焼野工房　福春）。青白磁や天目釉を主に、食器や花器などを制作する。

**藤井青銅**（ふじいせいどう）

一九五五年生まれ。放送作家・作家。第一回「星新一ショートショートコンテスト」入選を機に活動をはじめる。主な著書に『略語天国』『ラジオにもほどがある』（ともに小学館）など。現在、「オードリーのオールナイトニッポン」の放送作家をつとめている。

**藤原龍一郎**（ふじわらりゅういちろう）

一九五二年生まれ。一九九〇年第三三回短歌研究新人賞受賞。歌集に『東京哀傷歌』（砂小屋書房）、『花束で殴る』（柊書房）など。山藤章二主宰、高田文夫氏らがメンバーの駄句駄句会に所属。歌人でありつつ俳句もつくるコウモリ的な存在として短歌・俳句業界を浮遊している。

**古澤　健**（ふるさわたけし）

一九七二年生まれ。映画監督・脚本家。高校時代より自主映画を作り始める。『ロスト☆マイウェイ』で監督デビュー。『オトシモノ』『making of LOVE』『Another』などの作品がある。現在、映画美学校の講師もつとめている。

**星野卓也**（ほしのたくや）

一九七七年生まれ。中央大学卒。お笑い業界ナンバーワンと噂されるその滑舌の良さは、どこで息継ぎをしているのか分からないほど。国語の教員免許も持っている。

現在、「クッキンアイドル　アイ！マイ！まいん！」（NHK教育）などに出演中。

**柳家花緑**（やなぎやかろく）

一九七一年生まれ。中学卒業後、祖父・五代目柳家小さんに入門。戦後最年少の二二歳で真打昇進。古典落語の伝統を守りつつも、近年では新作落語や話題のニュースを洋服と椅子という現代スタイルで口演することにも挑戦。番組の司会やナビゲーター・俳優としても活躍中。

# あとがき――「みんなで国語辞典」シリーズの結びに――

## 1 「辞書に載らない日本語」の辞典

本書は「みんなで国語辞典」シリーズの第三弾、つまり「国語辞典」である。それなのに、「辞書に載らない日本語」を載せているのは内部矛盾ではないか。まず最初に、この疑問に答えなければならない。「辞書」と「辞典」とは違う、辞書には載らないが辞典には載る日本語がある、というのは詭弁である。「辞書」と「辞典」は内容の上からは変わらない。

そうではなくて、「普通の国語辞書」には載らない日本語ということなのだ。普通の国語辞書と言っても正確に説明しようとなるといろいろあって難しいが、『明鏡国語辞典』のようなもののことだ。『みんなで国語辞典』は、その第一弾から普通の国語辞書には載らない日本語を載せたものだった。

## 2　辞書に載るということ

それでは、『明鏡国語辞典』のような普通の辞書に、載る、載らないとはどういうことであるか。辞書に載せる言葉はいろいろの基準で選ばれる。大きな辞書にはたくさんの語を収載することができるが、小さな辞書ではその数を絞らなければならない。だから、基準は一段と厳しくなる。

『明鏡』のような小型の辞書だと、現在よく使われていて需要度の高い言葉が優先される。特別な狭い世界でしか使われないものは不採択となる。古くなりあまり使われなくなった言葉も外される。その逆に新しすぎて一般化していない言葉も採用されない。辞書編集の際には、この収載語の選定がきわめて重要な作業になる。普通には使われない特殊な言葉は排除し、古くなった言葉を削除し、新しい言葉を新規に採択することはとても難しいことだ。

新しい言葉はどんどん造られる。それは「みんなで国語辞典」シリーズを見れば明らかで説明を要しない。しかし、新しく造られた言葉は一部のグループの中でしか通用しない。

グループ外の他の人が聞いても、見ても理解できない。まさに「隠語」である。これでは、言葉の役を果たさない。意味が通じて初めて言葉となる。つまり、広く普及して一般化し、日本語としての、いわば「市民権」を得て初めて、みんなの共有物、普通の言葉と呼べるものになるのだ。

普通の国語辞書には、広く普及し一般化している言葉を載せるのが原則である。辞書の新刊や改訂版発行の際に、どういう新語を載せたかを宣伝することがあるが、辞書に載せるということは、その言葉が広く普及して市民権を得ていることを保証するということである。その言葉に普通の言葉としてのいわば「お墨付き」を与えるということである。

逆に言うと、普通の辞書に載らないということは、普通一般の言葉としてまだ認められていないということだ。ただ、辞書を作る側からすると、載せる、載せないの判定は難しい。急速に普及しはじめている言葉、かなり一般化しているが正当とは認めない人の多い言葉などいろいろな段階があって苦労する。辞書は規範を示すものだ。あまり先走ってもいけないし、後れをとっては負けになる。

## 3 新語の発掘——「もっと明鏡」キャンペーン

辞書の編集や改訂に際して、新しい言葉を載せるためには、新しい言葉の発掘が必要である。たくさんの辞書が出ており、それぞれの編者が慎重に項目選定をしている。辞書は相互に他の辞書を参照して作る。だから載せるべき言葉にはまず遺漏はない。しかし完全ということはない。事実、「粗辞」はごく普通の言葉だが大型の辞書からさえ落ちていた。

この「粗辞」という言葉を発掘したのが、「もっと明鏡」キャンペーンの第一回だった。このキャンペーンは『明鏡』携帯版の新装版発刊を記念して二〇〇五年一〇月から翌年三月にかけて、国語辞典に載せたい言葉や意味・例文を募集したものだが、私としては狙いは二つあった。

その一つは、新語の発掘だ。前述のように辞書に載せる項目は慎重に検討して選定される。しかし、辞書編集を専門とする者の目からも漏れる言葉がある。それをみんなで探してもらおう、という狙いだ。ちなみに、「粗辞」は早速『明鏡』携帯版の第五刷に収載した。

この狙いは、当然のこととして予想していたことではあるが、少し違った方向に展開した。新しく辞書に載せるべき言葉がそんなにあるはずがない。載せるべき言葉はほとんど載っている。そうなると、応募してくる言葉は辞書に載せたい言葉ではなく、「普通の辞書」には載らない言葉ということになる。そういう言葉が多いのに驚いた。最初のキャンペーンで集まったのは、一一万一四七二作品だった。この中から入選、選外を問わず、ユニークさが光る作品を中心に約一三〇〇作品を選出して一書にまとめたのが、第一弾『みんなで国語辞典！ これも、日本語』だった。

## 4 『みんなで国語辞典！ これも、日本語』『あふれる新語』、そして『辞書に載らない日本語』

『みんなで国語辞典！』は「みんなで」に続く述語を省略して書名とした。「みんなで作った」でもいいし、「みんなで作ろう」でもいいし、「読もう」「語ろう」「楽しもう」でもいい。「〜で」の形で動きを出したかった。

『あふれる新語』は「もっと明鏡」キャンペーンの第二回（二〇〇七年五月〜九月）と第三回（二〇〇八年五月〜九月）に寄せられた総計一〇万六八五〇作品の中から約一二〇〇作品を

選んで収載した。まさに溢れんばかりに氾濫している新語の洪水に驚き、「あふれる新語」と名づける他なかった。

そして本書『辞書に載らない日本語』である。「もっと明鏡」キャンペーンの第四回（二〇〇九年五月〜九月）、第五回（二〇一〇年五月〜九月）、第六回（二〇一一年五月〜九月）の三回に寄せられた総計一三万四二七九作品の中から約一〇〇〇作品を選定して収録した。

辞書に載せたい日本語ということで応募してもらったが、結果はほとんどの作品が「普通の辞書」「今の辞書」には載らない言葉ということになった。しかし、「特殊な辞書」には載る言葉である。「新語辞典」「若者言葉辞典」に載る言葉は多いし、今からもう少し時間が経てば、「普通の辞書」に載る言葉もあるだろう。そういう思いを秘めながら、『辞書に載らない日本語』と命名することにした。

本書にも、前二冊と同じように所々にコメントを付した。コメントの作業を進めながら、私自身いろいろな発見があった。新語の中にも、「一匹羊」「キラキラネーム」「適電」など社会情勢を反映した意味の深いものがありいろいろ勉強させられた。

## 5　言葉の定義をすること――「もっと明鏡」キャンペーンのもう一つの狙い

「もっと明鏡」キャンペーンのもう一つの狙いは、若い人たちに、自分で言葉を探してきて、その意味を定義し、用例を当てる、そういう練習、訓練をしてもらおう、ということだった。辞書は編者が作るもの、自分はそれを引くだけ、という考えから離れて、辞書を作る側に立ってみる。そして言葉を定義することの難しさと楽しさを実感してもらう。そうすれば言葉の意味の深さがわかり、言葉を大切にする心も育つのではないか。

辞書は常に身近な場所において、疑問の言葉があったら、いつでもどこでもすぐに辞書で確かめるようにする、というのが私の考えである。それを一歩進めて自分で言葉を定義してみる。すると辞書のありがたさ、言葉の大切さが身に染みて理解できる。そんな教育的な狙いだった。

この狙いは、徐々に浸透していったようで、キャンペーンの回を重ねるごとに、学校ぐるみ、教室ぐるみの参加が増えた。いい先生のおられる学校からはいい作品の応募があった。先生方の指導が広く行われるようになったからだろうが、定義や解説の上手な作品が増加してレベルが上がってきた。講演などで中高の先生にお会いすると、「うちの学校は学校賞を受賞しました。楽しみに参加しています」などと何回も声を掛けられたし、校長室に額入りの学校賞が掲げられているのを何回も見た。この場を借りて、指導された先生方にはお礼を申し上げたい。

## 6　おわりに

教室における新しい言葉の発掘、その定義の学習指導が根を下ろしたからというわけではない。また、「もっと明鏡」キャンペーンが全国的に普及してかなり功を奏したからというわけでもない。しかし、グライダーは、しばらく地上を引っ張られて離陸した後は、切り離されて自力で滑空する。いつまでも引っ張っていればいいというものではない。このキャンペーンも、その時期到来と考えて、この辺で、一旦お休みにするということになった。

「みんなで国語辞典」シリーズ全三冊は、このキャンペーンに参加してくださった皆さんとの共同作品だった。まさに「みんなで」作った辞典だった。一番楽しんだのは私かもしれない。

最後に、今後も、学校の教室における学習ではもちろんのこと、日常の生活の中でも、言葉の発掘、定義の実践が続けられることを期待し、感謝の気持ちを込めて結びとする。

二〇一二年三月

鏡郷文庫主人　北原保雄

本書所載の各項目（付録を除く）は、左記キャンペーンへ寄せられた作品を、原義を損なわない範囲で「もっと明鏡」委員会が編集したものです。

名称　みんなで作ろう国語辞典！「もっと明鏡」大賞

期間　二〇〇五年一〇月～二〇〇六年三月（第一回）、二〇〇七年五月～九月（第二回）、二〇〇八年五月～九月（第三回）、二〇〇九年五月～九月（第四回）、二〇一〇年五月～九月（第五回）、二〇一一年五月～九月（第六回）

応募総数　四五万二六〇一作品

主催　大修館書店

審査委員長　北原保雄（『明鏡国語辞典』編者）

＊本書では、原則として応募作品の内容・形式を可能な限り尊重し、表記や形式は統一しませんでした。
＊欄外「傑作選」には、『みんなで国語辞典！ これも日本語』『みんなで国語辞典② あふれる新語』に掲載された語を紹介します。なお、再録にあたって部分的に加筆修正しました。
＊付録「みんなで国語辞典」番外編には、著名人二〇名から寄せられた「辞書に載せたい日本語」を掲載します。語釈・用例、コラムは、すべて書き下ろしです。
＊本書は、応募者個人が自由に記述した作品を、国語辞典を模した形でまとめたものです。語釈、用例、用法解説などは国語辞典としての規範を示すものではありません。本書の内容に基づいた事実誤認およびそこから発生する損害については、その責任を負いかねます。

## この本の元になったキャンペーンについて

気になる言葉を選び、それに自分なりの意味と解説をつける。例文を添えれば、国語辞典のパーツの出来上がり。みんなでパーツを作って持ち寄ろう。どこにもない「辞書」ができるかもしれない――。

そんな思いから、大修館書店では、国語辞典に載せたい言葉や意味・例文を募集するキャンペーンに取り組んできました。それが2005年にはじまった「もっと明鏡」キャンペーンです。2011年に当キャンペーンは第6回を迎え、これをもって休止することになりました。キャンペーンにご参加くださった皆様にお礼申し上げます。

◎キャンペーンの詳細は、大修館書店ホームページをご覧ください。http://www.taishukan.co.jp/

**■応募作品数**　＊数字は作品数、（　）は学校数。

| | 小学校 | 中学校 | 高等学校 | 高専ほか | 合計 |
|---|---|---|---|---|---|
| 第1回 | 58<br>(2) | 43,856<br>(286) | 46,335<br>(215) | 1,488<br>(2) | 91,737<br>(505) |
| 第2回 | 192<br>(2) | 24,088<br>(260) | 18,920<br>(119) | 845<br>(1) | 44,045<br>(382) |
| 第3回 | 84<br>(1) | 32,226<br>(301) | 29,339<br>(170) | 1,156<br>(2) | 62,805<br>(474) |
| 第4回 | 0<br>(0) | 35,143<br>(304) | 39,424<br>(222) | 1,373<br>(2) | 75,940<br>(528) |
| 第5回 | 0<br>(0) | 36,922<br>(287) | 35,431<br>(220) | 1,896<br>(2) | 74,249<br>(509) |
| 第6回 | 0<br>(0) | 41,109<br>(292) | 40,904<br>(202) | 2,077<br>(2) | 84,090<br>(496) |
| 合　計 | 334<br>(5) | 213,344<br>(1,730) | 210,353<br>(1,148) | 8,835<br>(11) | 432,866<br>(2,894) |

＊第1回のみ「学校部門」と「一般部門」に分け、作品を募りました。（一般部門作品数 19,735）

## ■応募作品見出し語ベスト10

**第1回（計91,737作品）　2005年、2006年**

1 はまる（2,171）
2 微妙（2,111）
3 ありえない（1,919）
4 さむい（1,204）
5 まじ（1,073）
6 まったり（978）
7 さくさく（928）
8 普通に（813）
9 萌え（741）
10 うざい（715）

**＊寸評：**「はまる」「まったり」など自分の状態を表す言葉や、「微妙」「ありえない」「さむい」など物事を評価するための言葉が上位を独占。微妙なニュアンスの差異を伝えようとする秀逸な解説や、中高生の日常を切り取ったユニークな用例が多数寄せられた。「まじ」「うざい」を除いて、第2回以降、ベスト10に入らなかったのは、それらの語が社会に定着したからか。

**第2回（計44,045作品）　2007年**

1 ＫＹ（1,317）
2 どんだけー（912）
3 パクる、パクリ（528）
4 マジ（495）
5 やばい（468）
6 パネェ（422）
7 2ケツ（300）
8 うざい（261）
9 キモイ（231）
10 ギザ（229）

**＊寸評：**「ＫＹ（空気読めない）」が１位に登場。「ＨＫ（話変わるけど）」「ＪＫ（女子高生）」といったローマ字略語が急増したのは、このころから。また、「どんだけー」や「ギザ」などタレントが用いる言葉も上位にランクイン。しかし、定着することなく第３回以降はランク外へ順位を落とした。対して、前回12位の「パクる／パクり」が３位に。この語は第６回までほとんど順位を落とすことなく定着。

**第3回（計62,805作品）　2008年**

1 パクる、パクリ（819）
2 ＫＹ（727）
3 パネェ、ハンパねぇ（575）
4 ガチ、ガチで（488）
5 神（402）
6 ヤバイ（368）
7 とりま（305）
8 マジ（291）
9 ＪＫ（女子高生）（283）
10 オケる（262）

**＊寸評：**ランキング上位の変動は少ない。前回同様「ヤバイ」「とりま」「マジ」「パネェ」など、中高生が会話のなかで頻繁に使用する言葉がランクインした。そんななか注目に値するのは、第２回にベスト100入りしなかった「ガチ」、93位「神」、56位「オケる」が一気に順位を上げたこと。「ガチ」「神」「オケる」はこれ以降、ランキングの上位に定着。第４回以降の方向性を決める布石となったと言えそうだ。

## ■応募作品見出し語ベスト10

### 第4回（計75,940作品） 2009年

1 オケる（521）
2 パクる（399）
3 ＫＹ（382）
4 ググる（380）
5 ガチ、ガチる（374）
6 パネェ、ハンパねぇ（315）
7 神、神る、神い（312）
8 盛る（299）
9 とりま（289）
10 ＪＫ（常識的に考えて）（259）

＊寸評：第３回でランキングに登場した「オケる」が堂々の１位に輝き、「ググる」もランクイン。カタカナ語を略して動詞化するパターンが定着していることが明らかになった。また、前回88位の「盛る」の飛躍が目を見張る。逆に、ランキングの常連だった「マジ」「ヤバイ」は順位を落とすことに。若者言葉の流行がまた変化しているようだ。

### 第5回（計74,249作品） 2010年

1 ググる（506）
2 リア充（492）
3 パクる（430）
4 神、神る、神い（386）
5 オケる（370）
5 ガチ、ガチる（370）
7 なう（316）
8 しくる、しくった（290）
9 ブチる（274）
10 パネェ、ハンパねぇ（265）

＊寸評：「ググる」や「ブチる」など、インターネットやケータイに関連する言葉が急増。新語「なう」も登場した。それと合わせて、前回37位から２位へと躍進した「リア充（＝ネット上でなく現実の生活が充実していること）」にも注目が集まった。「インターネット上の世界」と「現実世界」の間でのバランスのとり方が中高生の関心事となっていたのだろうか。

### 第6回（計84,090作品） 2011年

1 リア充（863）
2 あげぽよ（648）
3 ググる、ggr（641）
4 パクる、パクリ（511）
5 なう（490）
6 ガチ、ガチる、ガチで（381）
7 しくる、しくった（348）
8 オケる（339）
9 神、神る、神い（316）
10 チキる、チキン（303）

＊寸評：前回61位の「あげぽよ」が２位にランクインしたほか、前回と比べ上位の変動は少ない印象。テレビなどでタレントが用いる言葉は、中高生の言葉のなかに浸透するようだ。「しくる」や「チキる」が徐々に順位を上げている。失敗したり、しりごみしたりするさまを表す言葉だ。現実世界に一歩踏み込んで失敗したとしても、それを笑いに変換しつつ未来に向かっていく姿は希望にあふれている。

「もっと明鏡」委員会の本

## みんなで国語辞典！
——これも、日本語

北原保雄 監修　「もっと明鏡」委員会 編

11万の応募作から選ばれた「国語辞典に載っていない言葉」の辞典。「若者語」「学校語」「ネット語」「業界用語」「オノマトペ」など7ジャンルから約1300語を収録。

●四六判・208頁　本体950円

みんなで国語辞典②
## あふれる新語

北原保雄 編著　「もっと明鏡」委員会 編集

「もっと明鏡」キャンペーンをまとめた、完全規格外の〝国語辞典〟第2弾。「恋の新語」「もじりの新語」「世相を映した新語」「なぞらえた新語」など7ジャンルから約1200語を収録。

●新書判・256頁　本体800円

## KY式日本語
——ローマ字略語がなぜ流行るのか

北原保雄 編著　「もっと明鏡」委員会 編集

【KY】空気読めない、【JK】女子高生、【IT】アイス食べたい……。これらの略語がなぜ生まれ、どうして広まっていったのか。439語収録。

●新書判・144頁　本体680円

定価＝本体＋税5％　2012年4月現在

[編著者紹介]

**北原保雄**（きたはら　やすお）

1936年、新潟県柏崎市生まれ。1966年、東京教育大学大学院修了。文学博士。筑波大学名誉教授（元筑波大学長）。日本教育会会長。

■主な著書

『日本語の世界6　日本語の文法』（中央公論社）、『日本語助動詞の研究』『文法的に考える』（大修館書店）、『日本語文法の焦点』（教育出版）、『表現文法の方法』『青葉は青いか』（大修館書店）、『達人の日本語』（文藝春秋）、『北原保雄の日本語文法セミナー』『日本語の形容詞』（大修館書店）、『日本語の常識アラカルト』（文藝春秋）、『日本語とともに』『岐点の軌跡』（勉誠出版）など。

■主な辞典

『古語大辞典』（共編、小学館）、『全訳古語例解辞典』（小学館）、『反対語対照語辞典』（共編、東京堂出版）、『日本国語大辞典　第2版』全13巻（共編、小学館）、『日本語逆引き辞典』『明鏡国語辞典』『明鏡ことわざ成句使い方辞典』（大修館書店）など。

みんなで国語辞典《こくごじてん》③　辞書《じしょ》に載《の》らない日本語《にほんご》



NDC810/x, 230, 14p/18cm

---

初版第1刷——2012年4月20日

編著者———北原保雄《きたはらやすお》

編　集———「もっと明鏡《めいきょう》」委員会《いいんかい》

発行者———鈴木一行

発行所———株式会社 大修館書店

〒113-8541　東京都文京区湯島2-1-1

電話03-3868-2651（販売部）03-3868-2653（編集部）

振替00190-7-40504

[出版情報]　http://www.taishukan.co.jp

---

装丁者———井之上聖子

印刷・製本——壮光舎印刷

---

ISBN 978-4-469-22220-3　Printed in Japan

# さくいん

## あ

アールピージー……46
あいうえお……104
あいけんか……2
あいこくしん……2
あいもこ……2
アウェイ……78
あおいいと……2
あかでん……134,149,159
あがりび……78
あかりぶぎょう……2
あきかんだんし……104
あくぱく……46
あげあげ……2
あげスカ……164,183
あげぽよ……78
あさがつ……164
あさしゃづけ……46,50,72
あさシャワ……164
あさどて……46
あさばけ……164,181
あさめろ……3
あさゆ……164
アシメ……4
あしゅら……46
あすエット……164
アスパラベーコンけいだんし……104
あせゆめ……47
あとおこり……78,79
あとおも……79
あとぎれ……78,79
あとけん……134
アドへん……134
あにき……5
あねる……2
アバイラ……134
アバウティ……6
アピる……7
アフィる……134
あぶラー……3
アベる……8
あまきん……164
アマフェッショナル……3
あみがい……134,135,151
あみど……134
あみばいばい……134,135,151
あみる……134,135,151
アラかん……9
アラちゅう……3
あらてん……3
あらポッド……164
アリーナ……47,66
あるぱか……135,151,152
あわあわ……10
アンダラ……47

## い

いえご……135
いえバト……79
いかきめ……3
いがメン……47,48,68,74
いきりスト……3
いきる……79
いくじじ・いくばば……3
いくねえ・いくにい……4
いくメン……4
いけかわ……4
いけシスト……4
いけたく……4,5
いけだん……5,27
いけパパ……5
いけぼう……5
いけメン……5
いざきら……5
いじけち……5
いそう……136
いぞる……79
いたなか……136
いちいたいすい……47
いちきた……48
いちねんそうり……5,16,30
いちゃパラ……48
いっちだんけつ……48
いってこい……11
いっぱんじん……6
いっぴきひつじ……6
いつメン……47,48,68,74
いなヤン……12
いのきる……6
いはソ……165
いまいま……13
いみふ……136
いやげもの……165

いやホン……136
いらネーム……6,15
いろみ……14
いんさい……6
いんじゃ……7
インする……136
インテグラる……165
いんテリ……7
いんはん……136

う
ういういしい……79
うぃる……136,150,161
ういろう……48
うえからめせん……15
ウェブる……165,173,178
うえる……79
ヴォイスイリュージョン…192
うおうさおう……7
うけメン……7
うざいとしい……80
うさぎこうしん……137,140
うすぎき……16
うすポカ……48,61
うちぎれ……80
ウチナータイム……80
うにょる……165,173,178
うぶさぼ……7
うみガール……165,186,187
うらしまじゅぎょう……49,59
うらピ……165
うらみみ……137
うりうり……137
うわめづかい……18

え
エアーイン……137
エアダイエット……166
エアリーダー……7
えいやあ……17
えがる……18
えきメロ……49
エコイスト……8
エコぐい……166
エコちゅう……8
エコつう……8
エコテリーナ……8
エコひいき……8
エコもうけ……8
エコる……9
エゴロジー……9
えしゃく……137
えだる……9
エフオーする……193
えんじょう……19
えんせいラッシュ……49,72

お
おあがり……166
おいこみ……194
おうそつ……49,58
おうどう……20
オートリバース……21
オーバーエイジ……104
オールスター……50,56
おきべん……22
おくちミッフィー……137
おくりびと……9
おくれびと……10,19
オケる……23
おさがり……166
おざわる……10
おしえてちゃん……24
おじかわ……166
おしこみじょうしゃ…46,50,72
おしゃかさま……10,41,59
おしゃんティ……138
おじょう……25
おせろい……10
おそよう……138
おたかわ……10
おちうど……10
おちょうふじん……26
おちる……27
おつくり……29,104,115,130
おつだね……195
おとこしわけ……105
おとながい……167
おとなぐい……166
おとなしい……138
おとめ……11
おとめん……28
おによめ……29
おねえ……30
おばお……105
おはなばたけ……138
オフサイド……31
おまいら……80
おもいかぜ……105
おもたがりや……11

おやじたけ……167
おやそうば……11
おやゆびひめ……105
おゆとりさま……11
おりガール……105
オリン……196
おろち……167
おんだんかけいほう……106

か

ガールズトーク……126,139
かいえだる……12
かいかくしゃ……12
かいきげんしょう……139
かいきん……50
かいふくび……167
がいゆう……50
かえすぐ……50
かがいもうそう……80
ガガる……167
かきゴム……50
かぎなしっこ……12
かくしかで……139
かくじょし……106
かくせい……12
がくる……80
かげさい……43
かけじょう……51,53
かげね……50
かげふみ……12
かげべん……51,69
かげもん……139
かげる……139
がける……81
かこかわ……81
かこる……140
かさぶたをめくる……140
がしゃる……51
かしよごれ……51
かじょる……81,95
かずとも……138
かたつむる……81
かたる……140
がち……32
がちむち……81
かちる……81
がっつり……33
かどどろぼう……51
かどばたかいぎ……51
かどべや……52
かなげん……52
かねぽん……12,31
かぴかぴ……34
かびる……167
かまちょ……140
かまる……168,181
カミリア……168
かめこうしん……137,140
かめる……140
カメレおんな……106
ガラスのハート……96
からはくしゅ……12
からメ……35
カラる……81
ガルせん……52
かるめ……140
かろうじ……13
かわキュー……168
かわメン……106
かわもろい……82
かんかつ……13
かんじ……52,63
かんしょうよう……13
かんじょうろうどう……36
かんぜんぼけつ……13
かんちがい……13
かんづめ……197
かんナビ……52
がんばったでしょう……37
かんばる……13,14
かんる……13
がんレ……52

き

きあげ……82
ぎおんまつり……14
きぐる……14
ぎしんあんき……53
ぎせいご……141
きたくこんなんしゃ……14
きたくなんみん……14
ぎぱい……168,186
きばカジ……38
きまったかん……39
きまつテストしょうこうぐん……40
きもルヘン……14
ぎゃくコナン……41
ぎゃくたいふう……14
ぎゃくデビュー……42

ぎゃくハー ……15
ぎゃくふあん ……82
きゃぴる ……43
キャラ ……198
キャラい ……44
キャラくい ……106
キャラづかれ ……82
キャラレス ……141
きゃわたん ……82,83
ぎゃんぎゃん ……46
きゅうかく ……53
きゅうけつき ……53
きゅうほう ……53
きゅんかわ ……82,83
きょううぜんせん ……47
きょうかしていせいと ……53
きょうしん ……83
ぎょうてん ……168
ぎょうむよう ……48
ぎょしょくけいだんし ……106
ぎょマヨ ……168
きょまん ……15
キラキラネーム ……6,15
ぎらつく ……141
きらべん ……168
きられなれ ……15
ぎりこい ……107
ぎりじょう ……51,53
ぎりセー ……49
きりょく ……50
きりんけいだんし ……107
きれかわ ……169
きれメン ……15
きわい ……51
きわがい ……169
きんかた ……107
きんぞくアレルギー ……6,16
きんめし ……169

## く

くうきせいじょうき ……16
くうきどろぼう ……16,20
くうきをよむ ……52
くうちょう ……16
くうポン ……141
くさかわ ……83
ぐしゃる ……54
くずれ ……53
ぐだる ……141
くちやせ ……16
くちゃラー ……16
くっきー ……169
くつしたしんすい ……169
くつでん ……54,55,71
ぐびる ……169
くもぐもしい ……83
くよう ……54
くらわんかわん ……199
グルメン ……107
クレる ……141
くろい ……16
クロッキー ……54
くろれきし ……54
グンモ ……141

## け

けいしょく ……169
けいしょくけいだんし ……107
けいどく ……142
ゲーべん ……54
げきしょくか ……16
げこうきょひ ……55
げざる ……17
けしこい ……55
げたこ ……107
げたでん ……54,55,71
ケチャラー ……55
けっしょうせん ……55
げにゃげにゃ ……83
げにん ……83
けばさん ……17
けびょる ……55
けんがいこどく ……142
げんかつ ……170
げんぜい ……170
げんてい ……56
げんとつ ……83
けんれん ……108

## こ

こあきびより ……57
こいあじ ……108
こいエット ……170
こいおんち ……108
こいきゅうびん ……108
こいすがる ……108
こいぞめ ……108
こいぞら ……108,121,122
こいだち ……109
こいたま ……109

こいちゃく……142
こいづめ……109
こいてんびん……109
こいなみ……109
こいのぼり……109
こいばな……58
こいふち……109
こいボラ……110
こいようび……110
こいわたし……110
こういってん……110,126
こうがんむち……110
こうぎょうこうこう……110
こうぎょうびょう……55
ごうきんびなん……117
こうこうデビュー……57
こうさんびょう……84
ごうもの……170
こうれいてん……110
ゴースタッフ……56,73
ごきぶり……142
こぎれい……84
こくすうえいりしゃ……50,56
こくどう……56
こくばん……56,110
こくる……111
こげる……170
ここおれ……84,86
ここどろ……111
ここひろ……84
こころわれ……84
こしょる……142
コスメティックバイオレンス……170
コスメリアン……17
こそアド……59
こそがい……171
こそぐい……60
こそゆび……56
こたつむり……17
こてっちゃん……17
こねラー……17
ごばく……142
ごまちしき……56
コメる……142
こやじ……61
コリラー……171
ごりんまつり……57,59,181
ころもがえ……57,67
こんかつ……111
こんソ……62
コンプ……171

## さ

ざあぐい……63
ざいたくけいだんし……111
さいみんじゅつし……57
さかいれ……171
ざがく……57
さがりび……78
さぎプリ……64
さぎょる……142
さぎる……171
さくっと……65
さくナップ……49,57
さくらメール……143
さけチ……171
さげぽよ……78
さしかえ……200
さそいごろし……143
ざつあい……111
さつきばれ……58
さっとり……171
サバこい……112
サブる……17
さぼてん……58
さぼりびと……58
さむかわ……143
さメール……144
さらう……58
さらうで……172
さらシ……172
さらスト……172
サラダセット……112
さりおしゃ……172
さりじま……17
されん……112
さわとも……58
さわる……18
さんケー……112
さんてんセット……66

## し

シージー……18
じート……18
しおちゃん……58
しおる……172
しかお……112
じかんわりけいだんし……112
じきる……144

しけがみ ………165,172,178
しける …………………144
じげる …………………58
じこる …………………144
ししゃもあし ……………67
ししょくけい ……………112
しずこい ………………113
じそうかん ……………85
しためづかい ……………18
シック …………………85
しつこい ………………113
じづめ …………………68
じどり …………………144
しばピク ………………173
しばふだんし ……………113
しばらば ………………144
じばる …………………113
しぶはら …………173,186
しぶメン ………………18
じぶんみがきノート ……173
じべたリアン …………25,69
じまけ …………………85
じまつ …………173,178,185
しまラー ………………174
シミュれん ……………113
しめんかそ ……………18
しもじょ ………………113
しもとり ………………59
じもる …………………70
ジャーしょく ……………174
ジャイこ ………………71
しゃかお ………………72
しゃかつく …………10,41,59
じゃきる ………144,174,178
じゃぐち ………………145
じゃくちょる ……57,59,181
しゃこう ………………59
しゃしゃる ……………145
しゃしょう ……………174
しゃつイン ……………73
ジャパる ………………174
しゃメモ ………………145
しゃメラマン ……………74
しゃりお ………………113
ジャル …………………174
しゃれお ………………75
しゅうこい ……………114
ジューじゃん ……………78
しゅうしょくご …………79
じゅぎょうさんかん ……49,59
じゅくお ………………80
じゅくかつ ……………59
じゅけんきぞく …………81
じゅけんせいデビュー ……59
じゅずる ………………145
しゅとこうぞく …………19
シュレきざ ……………85
じゅんあい …………114,125
じゅんいち ……………82
しゅんぎり ……………145
しゅんるい ……………60
しょうかする ……………85
しょうがつまんざい ………83
しょうとう ……………86
しょうぶふく ……………84
じょうほうじゃくしゃ …10,19
じょうほうせん …………60
しょうわやく ……………145
しょきびどう ……………86
しょくがん ……………85
しょくじょ ……………19
しょくづめ ……………175
じょしかい …………114,118
じょしップ ……………114
じょしりょく ……………86
しょぼんぬ ……………86
しょみんがい ………175,179
しらきゅん ……………114
しらばん ………………146
じりついっき ……………86
しろ ……………………201
じんこうぼけ ……………115
しんじゃ ………………19
じんせい ………………19
しんせつ ……………84,86
シンデレラタイム ………115
しんゆう ………………86

す

スイーツ ………………87
スイスマ ………………175
スイッチガール …………115
スイパラ ………………175
すきさけ ………………115
すきじょう ……………60
すきのこし ……………175
ずきる …………………116
スクバ …………………60
ずじょうふつふつ ………86
すずや …………………175

ズッキーニ ……88
すてね ……60
ストじょ ……116
ストメン ……116
すねくい ……19
スパだち ……61
スパちか ……176
スピナー ……20
スプリンクラー ……20
すべらないつまみ ……176
すべりや ……16,20
スポかん ……61
スポテ ……61
スポドリ ……48,61
スマけん ……146
スマデ ……146
すみがき ……61,70
スリーディー ……87
スリープモード ……61,64,65
ずるこみ ……89
するめ ……116
すわりつくす ……90
すんすん ……20

せ

せいアレ ……176,180
せいけんこうたい ……62,116
せいしゅんぶ ……91
せがたり ……116
せきあい ……62
せきがはら ……116
せきつう ……146
せきる ……92
セグる ……147
せこロジー ……20
せつお ……20
せつこ ……20,21
せつこい ……117
せつじょ ……21
せつぞら ……87
ぜったいりょういき ……93
せつでん ……21
ぜつでん ……21
せつでんしょう ……21
せつる ……21
ぜにる ……176
せみこい ……117
せみさぎ ……21
セレつう ……62
セレブがい ……176
セレプラ ……176
ゼロティブ ……87
ゼロメ ……147
せわにく ……177
せんきょこうやく ……22
ぜんクリ ……94
せんこいはなび ……117
センターをとる ……62
ぜんチャ ……177
せんニク ……147
ぜんぱく ……87

そ

そいびと ……22
そうきんびなん ……117
そうじしょうどう ……87
そうしょくけいだんし ……117
そうしょくけいだんじょ ……22
そうそう ……117
そうメン ……117
ソーリーだいじん ……22
そかる ……22
そだてる ……177
そつがき ……62
そつこく ……63
そとこもり ……95
そのコン ……87,99
そばる ……87,89
ソフなか ……147
そらこえ ……147
そらふけ ……88
そろぶち ……147

た

だいがめん ……22
だいじょうぶ ……63
だいじん ……23
たかし ……23
たかみ ……118
たきゅうたそく ……96
たくのみ ……97
たくメン ……118
たけのこ ……23
ださかわ ……88
だしる ……118
ただラー ……23
だつげん ……23
だてマスク ……23
だてる ……23
だてんし ……24

たねこい……118
たびぐい……177
だふ……24
たぶんや……24
たむだち……63
ためいき……24,25
ためる……24,25
だらみ……98
だるぎ……177
たれる……88
たれん……118
たんかけっしゃ・はいくけっしゃ……202
だんけつ……118
だんさリアン……25
だんしゃり……177
たんぬけ……25
たんぱニスト……99
タンピン……25
たんプレ……178
だんらん……114,118,126

ち

ちいかわ……88
ちいげさ……148
チェリアン……25
チェリる……118
ちかい……52,63
チキる……100
ちくりびと……25
ちくわ……101
ちくわみみ……25
ちじタレ……26
ちちこもり……26
ちでじ……88
ちまる……88
ちゃいろべんとう……178
ちゃしつ……148
ちゃっきょ……102
ちゃらい……104
ちゃりきん……105
ちゃりんこい……63,65,74
ちゅうれん……119,124
ちょいちょい……148
ちょいめし……63
ちょイレ……148
ちょうがのうれい……26
ちょうぜつ……148
ちょける……26
ちょびエコ……26
ちょびちん……178
ちょメる……64
ちょる……174,178
ちらがん……119
ちらぐろ……89
ちりいじょ……26
ちりメン……26

つ

つうがく……64
つくね……62,64,65
つくメン……5,26
つけま……173,178,185
つけメン……27
つねめが……27,29
つぼ……106
つむ……27
つやぷる……107
つゆがみ……165,173,178
つらなみ……87,89
つり……149
つる……108
つんから……178
つんさま……27
つんドラ……27,28
つんぷん……89

て

てぃカチェ……179
ディクる……64,65,75
ディスる……203
ていトレ……64
でおち……204
でがわる……27
できおち……65
てきでん……27
できません……89
できレース……109
テクる……110
でこね……62,64,65
デジタリアン……149
デジタルよい……111
デジる……28
テッさく……65
てつなき……65
テニんちゅ……28
でぶリート……28
てへぺろ……149
テポる……28
てりやき……89

てれつん ……………………27,28
てれフォン ……………………149
てれみ ……………………119
でれる ……………………90
テンおち ……………………90
でんきき ……………134,149,159
でんきん ……………………149
てんごくみみ ……………………29
でんさく ……………64,65,75
でんしゃロマンス ……63,65,74
テンションまいご ……………90
てんしんらんまん ……………179
てんせき ……………………47,65
でんちゃ ……………………66
てんちょう ……………………90
てんどん ……………29,104,130
でんぱけい ……………………29
テンプレ ……………………29
テンマ ……………………90

と

とうこうきょひ ……………55
どうてきへいこう ……………205
とうにゅう ……………………179
どうめい ……………………29
トーキングプア ……………112
ときめが ……………………27,29
どきもじ ……………………90
どきょる ……………………30
どくがく ……………………66
どくる ……………………150
とける ……………………91
とこなつ ……………………66
とこぼれる ……………………119
ドコム ……………………150
どしゃなき ……………91,101
どじょうだんし ……………30,119
としょガール ……………119,120
としょこい ……………………119
としょメン ……………119,120
どじょる ……………………30
どたキャン ……………………150
どたさん ……………………150
どっかいりょく ……………66
どっかん ……………………66
どてる ……………………113
とのがい ……………175,179
ドミる ……………………66
ともだちわほう ……………150
ともちゅう ……………………30
どやがお ……………………114
どやキャン ……………………91
ドラこい ……………………120
トランスフォーム ……………57,67
とりつき ……………………120
とりま ……………………115
どれチェ ……………………179
どろこい ……………………120
どろん ……………………116
どわどわ ……………………91
とんそつ ……………179,187
どんびき ……………………117

な

ないかくそうりだいじん ‥6,30
なう ……………136,150,161
ナウい ……………………118
なえしゅん ……………………91
なかのひと ……………………119
ながれぶ ……………………67
ながれる ……………………67
なけうた ……………………92
なごヤン ……………………30
ナチュラルワックス ……………179
なつお ……………………31
なつこい ……………………120
なつぼて ……………………92
なつみそか ……………………120
なつめさん ……………12,31
なでしカン ……………………31
ななめむきしこう ……………92
ナビがい ……………………180
なべぶぎょう ……………………2
なまぐつ ……………………180
なまハムメロンけい ……………31
なまりズム ……………………150
なみがくる ……………121,129
なみこい ……………………121
なめシスト ……………………31
なりべん ……………………32
なんちゃ ……………176,180

に

ニーと ……………………67
にくちら ……………………92
にくにくしい ……………180
にこがく ……………………92
にじがお ……………………32
にじっせいきちゅうねん ……32
にじもよう ……………………92

にどこく ……121
にねんびょう ……93
にはつや ……32
にまにま ……93

ぬ

ぬるちゅうか ……180

ね

ねこく ……93
ねじね ……93
ネックレス ……32
ねっちゃり ……67
ネットべんけい ……121
ネッピング ……134,135,151
ねにげ ……122
ねぴく ……123
ねむるい ……93
ねもじ ……67,72

の

のうかれ ……109,121,122
のうじょ ……121
のうたか ……32
のうないミュージック ……124
ノーブラ ……125
ノキお ……121
のギャル ……121
のせお ……33
のぞけい ……151
のだる ……33
のどこおる ……151
ノブかわ ……181
のふのふ ……33
のらがき ……33
のりべん ……67
のるぱか ……135,151,152
ノルマンディーじょうりくさくせん ……151

は

パーティーびらき ……126
ハーレム ……15
はいきん ……93
ハイじ ……33
はいスペック ……152
はえじょう ……121
ばかップル ……127
はかまいラー ……33
ぱかる ……135,151,152
ばきゅん ……121
はくおと ……122,130
はぐれる ……128
ばけかわ ……164,181
バケべん ……68,75
はげメタ ……34
ばけやしき ……68
はごころ ……94
はこねる ……122,123
はじころ ……94
はしころじょし ……122
ばしょう ……152
バスイン ……152
パスどめ ……68
パソくぎ ……153
ぱちこい ……122
バチャかれ ……109,121,122
はちる ……34
ぱちる ……153
はつおもい ……122
ばっキー ……129
はつきゅん ……122
はっけつびょう ……53
はっこう ……181
はつどうする ……68
はつメン ……47,48,68,74
ばつメン ……34
はでじょう ……34
はとこい ……122,123
はとのたべのこし ……34
はとやまる ……34
はとる ……35
ばとる ……69
はなげ ……153
はなさかる ……35
はなスキ ……94
はねもみ ……181
パパかれ ……35
ははネット ……69
はばる ……35
パフォーミングアート ……206
はぶマンのなか ……130
ばぶる ……131,153
はまだん ……153
ハミングアウト ……132
はむかつ ……94
はむこう ……69,153
はむでん ……69,153
ばめんで ……134
はやぶさてき ……35

ぱヤン……35
はらグレー……36
ばらめし……168,181
バリーぼんず……57,59,181
はるこい……123
はるまち……123
はんかれ・はんかの……123
ハングラー……182
バンけつ……69
パンダめ……135
パンチ・イン／パンチ・アウト……207
はんドア……182
ぱんバ……182
はんぺら……154
はんむかし……94

## ひ

びいしきかじょう……81,94
ピーせん……36
ビーた……36
ビーなん……123
ひからびる……123
ぴきる……95,136
びぐろ……137
びこい……123
ひこひめ……119,124
びしょる……36
ひじる……69
ヒスパニック……36
ひそべん……51,69
ひちょうてん……95
ひつうち……124
ひてつ……36
ひとぶら……182
ひとみみぼれ……124
ひとリズム……37
びとん……138
ひまがき……61,69
びみお……124
ひめかわ……182
ひめきごえ……154
ひめけい……139
ひめごころ……124
ひめごと……124
ひやる……95
びょうさつ……140
びろのび……182

## ふ

ファーストトーク……154
プーさん……141
ぶーたれき……142
フォンゲー……154
ぶかしゅん……70
ぶかつびょう……70
ふかのう……208
ぶさいけ……95,125
ぶさかわ……95,125
ぶしゅ……37
ぶじょ……37
ふたこい……114,125
ふたごコーデ……182
プチプラ……143
ぶちる……144
ぷちる……182,185
ぶつじょ……21,37
ふときゅん……125
ふとまき……164,183
ふみばき……183
ふゆじたく……125,127
フライアウェイ……183
プライダー……38
フライング……70
フラゲ……145
ふらじゅう……125
ふらっきー……38
ブラックアウト……154
ブラックアウト・エクスプレス……209
ブラックパーティー……154
ブラックマンデー……70
ふらりたび……70
ブラワー……38
ぶランチ……71
プリかわ……95
フリクリ……38
ふりこね……96
ふりこめないさぎ……155
プリだま……183
ふりとばす……155
プリポー……183
プリマジ……146
ぶりる……38
ふるこく……54,55,71
フルぺこ……96
フルやすみ……71
ふれこい……125
ぶれん……71

プロい ……………………147
ブロじょう ………………155
ふわかわ …………………96
ふわる ……………………71
ふんねつ …………………96

## へ

ぺこりーナ ………………38
べたる ……………………148
ぺたる ……………………96
へたれ ……………………149
べつばら …………………183
ぺナる ……………………71
べラさい …………………38
へらメン …………………126
ヘルシスト ………………150
べんじょイ ………………71
ペンラー …………………39

## ほ

ポイちょ …………………184
ほうしょく ………………39,184
ぼうだんガラスのハート ……96
ポエお ……………………126
ポエマー …………………39
ボーイズトーク ………126,139
ボカロ ……………………43,184
ぼくじょ …………………126
ほくろ ……………………110,126
ぼこる ……………………97
ポジプラ …………………151
ホスげ ……………………185
ほたる ……………………152
ぼちゃつく ………………97
ぼちょむきん ……………97
ポツせん …………………39
ぼっち ……………………97,98
ぼつる ……………………155
ほなおつ …………………155
ほびろん …………………156
ほほぞまり ………………97
ほみん ……………………71
ホルモンヌ ………………126
ほろなき …………………97
ホワイトガール …………126
ほんこわ …………………156
ぽんラー …………………185

## ま

マイカテ …………………97
マイメン …………………72
まきこ ……………………127
まくのうち ………………156
まくる ……………………156
まけほこる ………………98
まごる ……………………39
マシンガンタッチ ………156
まずる ……………………153
まだん ……………………156
まつエク …………173,178,185
マナモ ……………………156
マナる ……………………156
マニる ……………………39
マフィントップ …………98
まめうつ …………………40
まめる ……………………157
マヨらか …………………154
まりお ……………………72
まろ ………………………155
まろい ……………………156
まわらい …………………157

## み

みかんごえ ………………157
ミクぼ ……………………127
みしラー …………………40
みせきん …………………157
みぞる ……………………157
みつぎーノ ………………127
みといん …………………40
みのる ……………………158
みみあい …………………127
みみずもじ ………………67,72
みゃくぎえ ………………127
ミルフィーユ ……………185
みんなぼっち ……………97,98

## む

むさい ……………………159
むさいく …………………40
むだがらみ ………………160
むだゆび …………………157
むちゃのり ……………46,50,72
むちゅうっぱら …………99
むらさきもよう …………72

## め

メアチェン ………………157
メールまつり ……………157
めおもい …………………127

メガエコ……40
めがねど……161
めがび……40
めざいく……182,185
メタぽん……164
メタリックしょうこうぐん……40
めぢから……165
めつい……125,127
めっかわ……99
めっきも……99
メッシュアワー……49,72
めまい……128
めらる……99
メルこく……166
メルチェ……158
メルでれ……158,159
メルへん……167
メロす……41
メロス……168
めをいれる……87,99
めんくい……106
めんだる……99,101
めんちんじゅうき……210
めんとり……185,187

## も

もうどう……99
もえかわ……186
もえそで……169
もえたい……100
もえつきる……100
もーじゅう……41
もきもき……100
もきゅん……100
もくぎれ……100
もこる……186
もじこい……128
もしゃぶるい……73
もじょ……128
もしょる……158
モスキーボイス……158
もそる……170
もっそい……171
もってる……41
もてき……172
もてごえ……158
もとこく……128
モニる……186
モバこい……128
もふもふ……173
もふる……100
ももてん……174
もやに……41
もやる……158
もりガール……165,166,173,186,187
もりぐい……175
もりこい……121,129
もりブラ……168,186
もる……176
もれびと……41,59
モンぺ……177

## や

やさうそ……158
やさかわ……101
やさじょ……129
やじゅう……185,187
やすかわ……187
やせかつ……179,187
やばい……158
やばけい……134,149,159
やまガール……165,186,187
やみき……178
やみこい……129
やるうせ……99,101
やるお……42
やるやるさぎ……42

## ゆ

ユーかん……159
ゆうごい……129
ゆうれいこもん……56,73
ゆかこ……129
ゆきこい……129
ユニクローゼ……174
ユニバる……187
ユニばれ……187
ユニフォームマジック……73
ゆびこい……179
ゆびわ……158,159
ゆめあい……129
ゆめおち……180
ゆり……181
ゆるかわ……188
ゆるキャラ……182
ゆるフレ……73

## よ

よあがり……101

ようしょくてんねん ……………29,104,115,130
よおもい …………………130
よこからめせん ……………42
よしのぶる …………………42
よてがみ ……………………160
よるばな ……………………73

ら

ラーラー ……………………42
ライオン ……………………42
らいちゅう …………………43
ラスがい ……………………188
ラスがん ……………………73
ラスご ………………………74
ラスすぱ ……………………74
ラッシュアワー ……………72
ラブい ………………………183
ラブせき ……………………74
ラブちゃく …………………160
ラブでん ……………63,65,74
ラブメン …………47,48,68,74
ラムネなき …………91,101
ランほう ……………………160

り

リアおと ……………122,130
リアじゅう …………43,184
リアスしきはならび ………101
リアひん ……………………43
リアルフェイス ……………185
リッターだんし ……………43
リトマスし …………………130
リバポー ……………………188
リピがい ……………………188
リピる ………………………186
リプ …………………………160
りゃくべん …………………188
りゅうどうしょくけいだんし ……………………………130
りょうかたおもい …………130
りょうかつ …………………43
りょうせいるい ……43,184
りょくばん …………………74
りょくへき …………………43
りんげつ ……………………101

る

るいれん ……………………131
ルズお ………………………131
ルネサンス …………………101

れ

レインボービーム …………75
レーザービーム ……………75
れきこい ……………………131
れきじょ …………21,33,37
レトる ………………………188
れにゅラー …………………44
レベルひゃく ………………44
れんきゅうのめ ……………75
れんじつ ……………………131
れんぱい ……………………131
れんびき …………64,65,75
れんほうトーク ……………160

ろ

ろうこく ……………………75
ろうし ………………………44
ろうどう ……………………187
ローカる ……………………188
ロールきゃべつけいだんし ……………………………104
ろくしゃくおけ ……………211
ロコご ………………………160
ロミジュリ …………………131

わ

わかかれ ……………………44
わきしゅー …………………189
わけべん ……………68,75
わず ………………136,150,161
わせ …………………………102
わちゃる ……………………161
わちゃわちゃ ………………161
わらかわ ……………………102
わらじょ ……………………132
わんこがい …………………189